农民创业致富读本

主　编　胡建中　顾新颖　李亚芹

天津出版传媒集团
天津科学技术出版社

图书在版编目（CIP）数据

农民创业致富读本 / 胡建中，顾新颖，李亚芹主编.
— 天津：天津科学技术出版社，2020.3
 ISBN 978-7-5576-7250-8

Ⅰ.①农… Ⅱ.①胡… ②顾… ③李… Ⅲ.①农民—创业—基本知识—中国 Ⅳ.①F323.6

中国版本图书馆 CIP 数据核字（2019）第 267049 号

农民创业致富读本
NONGMIN CHUANGYE ZHIFU DUBEN

责任编辑：韩　瑞
责任印制：兰　毅

出　　版：	天 津 出 版 传 媒 集 团 天津科学技术出版社
地　　址：	天津市西康路 35 号
邮　　编：	300051
电　　话：	(022) 23332390
网　　址：	www.tjkjcbs.com.cn
发　　行：	新华书店经销
印　　刷：	三河市悦鑫印务有限公司

开本 850×1168　1/32　印张 7.5　字数 200 000
2020 年 3 月第 1 版第 1 次印刷
定价：35.00 元

《农民创业致富读本》
编委会

主　编　胡建中　顾新颖　李亚芹
副主编　高　鹏　鲁文普　裴美燕
　　　　白莉萍　潘雪燕　张治田
　　　　马　骁　李永峰　王萍丽
　　　　朱丹霞
编　委　马红莉　郑旭阳　周淑芬
　　　　郭庆峰

前　言

当前，农村创业创新主体不断增多，各类返乡下乡双创人员达700万，50％以上的双创主体运用互联网等现代信息技术，越来越多的工商企业下乡创业创新，逐渐形成政府激励创业、社会支持创业、农民勇于创业、各方参加创业的新机制。

本书围绕农民创业中可能遇到的问题，介绍了乡村创业致富的前期准备、寻找农民创业致富的模式、农民创业致富的行业、选择农业创业致富的项目、实现农民创业致富、抓住农民创业的机遇、农民创业致富实例以及相关的政策与法规等内容。

由于编者水平所限，加之时间仓促，书中不尽如人意之处在所难免，恳切希望广大读者和同行不吝指正。

编　者

目　录

第一章　乡村创业致富的前期准备 …………………………… (1)
　第一节　创业与农业创业致富 ………………………………… (1)
　第二节　成功创业致富者需要具备的基本素质 ……………… (2)
　第三节　创业致富需关注的问题 ……………………………… (19)
　第四节　创业致富要做好的心理准备 ………………………… (23)
　第五节　保持良好的心态去创业致富 ………………………… (24)

第二章　寻找农民创业致富的模式 …………………………… (27)
　第一节　寻找适合自己的创业致富方式 ……………………… (27)
　第二节　个体经营模式 ………………………………………… (28)
　第三节　集约化经营模式 ……………………………………… (29)
　第四节　股份制经营模式 ……………………………………… (30)
　第五节　农村经纪人经营模式 ………………………………… (30)
　第六节　农民专业合作社经营模式 …………………………… (31)
　第七节　生态农业经营模式 …………………………………… (33)
　第八节　连锁经营模式 ………………………………………… (51)

第三章　农民创业致富的行业 ………………………………… (54)
　第一节　种植业 ………………………………………………… (54)
　第二节　养殖业 ………………………………………………… (59)
　第三节　服务业（农业观光、生态园） ……………………… (61)
　第四节　手工、餐饮业 ………………………………………… (64)
　第五节　"两型农业"创业 …………………………………… (72)
　第六节　特色生态农业创业 …………………………………… (80)

第七节　农产品深加工 …………………………………… (86)
　　第八节　信息服务业 ……………………………………… (90)
　　第九节　物流、旅游业 …………………………………… (92)

第四章　选择农业创业致富的项目 ………………………… (103)
　　第一节　选择农业创业项目要遵循的原则 ……………… (103)
　　第二节　选择农业创业项目的方法 ……………………… (105)
　　第三节　选择农业创业项目的影响因素 ………………… (112)
　　第四节　农业创业优先选择的项目 ……………………… (114)
　　第五节　寻找好的农业创业项目 ………………………… (125)

第五章　实现农民创业致富 ………………………………… (128)
　　第一节　农业创业计划书的编制 ………………………… (128)
　　第二节　创业人员组合 …………………………………… (136)
　　第三节　创业融资 ………………………………………… (142)
　　第四节　创业风险规避 …………………………………… (167)

第六章　抓住农民创业的机遇 ……………………………… (198)
　　第一节　农民能力建设政策 ……………………………… (198)
　　第二节　农业创业政策 …………………………………… (201)

第七章　农民创业致富实例 ………………………………… (214)
　　让青春在"乡村振兴"中闪光 …………………………… (214)
　　创业是最美好的"时光印记" …………………………… (217)
　　大学生返乡创业"新玩法"助力乡村振兴 ……………… (219)
　　小军、卫芳：情系富硒黑小米的伉俪 …………………… (221)
　　返乡创业当新农民利国利民 ……………………………… (224)
　　曾祖培：农民工变身老总自主创业只为"想做的事" … (226)
　　农业创业成功的孙武成 …………………………………… (229)

主要参考文献 ………………………………………………… (232)

第一章 乡村创业致富的前期准备

第一节 创业与农业创业致富

创业是一种创新性活动,它的本质是独立地开创并经营一种事业,使该事业得以稳健发展、快速成长的思维和行为的活动。走上创业之路,是人生的一个大转折,它是成就自己事业的过程,是自我价值和能力的体现。创业,要直接面对社会,直接对顾客负责,个人的收入直接与经营利润连在一起。其实,创业的过程就是解决一个接一个的矛盾。有的人认为:"创业最大的难处,就是可以当自己的主人。"这使人想起一个小谜语:"海军陆战队和男童军有什么差别?"答案是:"男童军有大人带领。"而这句话也说明了创业所必须面对的挑战:多年来都由别人给你发号施令,创业以后再也不能依赖别人,一切都得靠自己。

农业创业是这样一种过程,是指某一个人或一组人,通过寻找和把握农业行业机遇,去创立、创设或创新农业事业和职业岗位。在农业行业领域内去创造价值和谋求发展,并通过自己的产品或服务来满足社会某些人群的愿望和需求。农业创业也是指人们在农业行业领域内进行投资,从事农业生产、加工、运输、服务等活动的过程。农业创业包括种植、养殖、规模经营、进行设施农业生产、从事农业经纪活动、组建农民经济合作社、创办农业企业等。

第二节 成功创业致富者需要具备的基本素质

创业是极具挑战性的社会活动,是对创业者自身的智慧、能力、气魄、胆识的全方位考验。一个人要想获得创业的成功,必须具备基本的创业素质。创业基本素质包括创业意识、创业精神、创业品质和创业能力。

一、要有强烈的创业意识

创业意识包括创业的需要、动机、兴趣、理想、信念和世界观等要素。创业意识集中表现了创业素质中的社会性质,支配着创业者对创业活动的态度和行为,并规定着态度和行为的方向、力度,具有较强的选择性和能动性,是创业素质的重要组成部分,是人们从事创业活动的强大内驱动力。要想取得创业的成功,创业者必须具备自我实现、追求成功的强烈的创业意识。强烈的创业意识能帮助创业者克服创业道路上的各种艰难险阻,将创业目标作为自己的人生奋斗目标。创业的成功是思想上长期准备的结果,事业的成功总是属于有思想准备的人,也属于有创业意识的人。

二、要有坚定的创业精神

再充分的创业准备都是不完善的,再周密的创业计划书也难有没有顾及的地方,再团结的创业伙伴也会发生摩擦,再厚实的资金也有周转不灵的时候——这些都说明在瞬息万变的创业环境中,能影响我们创业的不定因素太多了,谁都无法保障在下一个路口我们能选对方向,所以,创业过程中会遇到挫折与失败是再正常不过的事情了。也许有时候会觉得前途一片茫然,有时候会觉得自己很无助,有时候又觉得创业太过辛苦,无法再继续。但坚持就是胜利,这就是坚定,就是自信。

三、要有良好的创业品质

创业之路是充满艰险与曲折的，自主创业就等于是一个人去面对变化莫测的激烈竞争以及随时出现的需要迅速正确解决的问题和矛盾，这需要创业者具有非常强的心理调控能力，能够持续保持一种积极、沉稳的心态，即有良好的创业心理品质。它是对创业者的创业实践过程中的心理和行为起调节作用的个性心理特征，它与人固有的气质、性格有密切的关系，主要体现在人的独立性、敢为性、坚韧性、克制性、适应性、合作性等方面，它反映了创业者的意志和情感。创业的成功在很大程度上取决于创业者的创业心理品质。正因为创业之路不会一帆风顺，所以，如果不具备良好的心理素质、坚韧的意志，一遇挫折就垂头丧气、一蹶不振，那么，在创业的道路上是走不远的。宋代大文豪苏轼说："古之成大事者，不唯有超世之才，亦必有坚韧不拔之志。"只有具有处变不惊的良好心理素质和愈挫愈强的顽强意志，才能在创业的道路上自强不息、竞争进取、顽强拼搏，才能从小到大，从无到有，闯出属于自己的一番事业。

四、创业中的谈判能力

在创业过程中，创业者要进行一系列的谈判。谈判的结果决定了创业的条件、支付的价格及支付的方法等，与创业的成败有着密切的关系。

（一）创业谈判的特点

农民创业谈判是个人或小团体创建的企业处于萌芽阶段进行的，这就决定了农民创业谈判的特点。

1. 谈判者有最终决定权

创业谈判只能由创业者本人完成，此时，创业者已经进入独立工作的阶段，开始运用自己或筹集来的资金，承担决策的风险。在创业谈判中，创业者要及时回答对方提出的问题，回答不能有重大失误，这就要求创业者慎重对待每一次谈判。虽然创业阶段事务繁忙，但在谈判前要静下心来，仔细思考，认真调查，制定预案。在谈判中，万一遇到难于解决的问题，可以要求对方让自己再考虑考虑，千万不要急于做出决策。

2. 谈判对象的经验往往比创业者丰富

俗话说，"买的没有卖的精"。之所以有这一现象，是因为作为卖家，不但掌握着全部信息，而且天天在市场上销售商品，已经积累了丰富的经验，有过千百次的锻炼；而买家，即使天天购买某一商品，其经验也远远不可能与卖家比。卖家的"精"是来自于经验的积累。以此来看创业者的谈判，在创业谈判中，创业者处于不精的买家地位，多数农民创业者在过去的工作、学习和生活中，握有最终决策权的谈判机会很少，不可能积累丰富的经验，但在其创业中，又不得不亲自与有着丰富经验的对手谈判，这必然使创业者处于不利的地位。创业者要看到自身的不足，尽快掌握谈判的技巧和要点，必要时，在重要的谈判中还可以请帮手，利用已有的社会资源，弥补经验上的不足，避免谈判不利对创业造成的损失。

3. 一般处于弱势的位置

从理论上讲，谈判双方无论企业大小，地位是平等的，不应该有强势、弱势的差别，但事实上，市场上是讲究实力的。在市场上打拼多年的人都知道"店大欺客，客大欺店"的现象。如果你的购买量很少，你的实力很小，在谈判中就会处于不利的地位。由于交易额少不会得到对方的重视，有时见到对方的负责人都很困难，讨价还价的余地也很小，在谈判中获得有利条件比实力雄厚的大企业要难得多。但事物都有两面性，如果用好弱势地位，也有可能以此争取更有利的条件。创业者对于这一点要有清楚的认识。要通过自身的努力利用这一地位争取更为有利的谈判结果，在谈判中，不要过分计较对方的态度,也不要自卑,特别是不能意气用事。

(二)影响创业谈判能力的相关因素

提高创业谈判能力可以为创业争取更好的条件,用较少的钱办成较多的事,同时也有可能赢得对方的尊重,为今后的发展创造更好的条件。从大量的谈判案例中可以看到,农民创业者要提高谈判能力可以从这8个方面着手。

1. 需求

需求与谈判能力成反比,即,需求越强,在谈判中的能力越弱。如在房屋租赁的谈判中,如果创业者一方迫切地需要租用某一房屋,而出租方既可以自用,也可以闲置,并不急于出租,此时谈判的能力将偏向于出租方。反过来说,如果出租方的房屋经闲置多年,同时又急需用钱,迫切希望将房出租出去,但等了很长时间也没有人来谈,而创业者可以租用此房,也有其他选择时,谈判能力将偏向于创业者。有经验的谈判人不会暴露自己的需求,用一颗平常心会提高谈判能力。

2. 选择

创业者在相关谈判中,如果一切还没有最终确定,还有较大的调整余地,就有一定的选择权,这是提高自己谈判能力的重要条件。如果能够充分利用市场上商家的竞争,即使是经验不丰富的谈判者也可以取得有利的地位。反之,如果一切都已经确定,选择的余地很小,或者根本没有选择,会在谈判中陷入被动。在市场上争取更多选择的机会,并明示或暗示于谈判对象,可以提高谈判的能力。

3. 时间

这里的时间指两个方面,一是指用于谈判的时间,如果创业者工作繁忙,时间紧迫,只能在百忙之中抽出一点时间谈判,不能为谈判做好充分的准备,必将降低创业者的谈判能力。另外,如果在创业计划中已经排出了时间表,谈判的最后期限已经确定而且不好改变时,在谈判中要取得有利的条件和主动权将非常困难。反之,如果对方时间非常紧张,有一个最后的时间表,创业者则有可能得到有利的地位。

4. 关系

市场上,所有企业都有一定数量的关系户,这些关系户长期使用或销售企业的产品,或向企业提供原材料等,成为企业生存的基本支持,与企业有明显的依存关系。在谈判中,如果对方能够认可创业者有可能在未来为自身带来长远利益,成为合作伙伴,则会在谈判中给予一定的优惠,在一定程度上提高谈判力。反之,对方认为商谈的只是一次性买卖,不可能有长期的合作关系,为确保自己的利益,能够给予的优惠条件就非常有限。

5. 投入

在谈判中,双方投入的多少对谈判能力也会产生一定的影响。如,为了采购一台设备,几个创业者跑了几百千米,已经用了两天,吃住和路费已经花了800多元,在洽谈购买设备的价格时,创业者会考虑到,如果让对方再降1 000元,谈判可能没有最终结果,此后再去一个地方谈,还要花费400元。这时,很可能不再去冒风险要求对方降价,已经使自身处于不利的地位。反之,如果是对方花费了大量的精力,来到我方所在地,则对方处于相对不利的地位。在谈判中,前期投入多的一方往往会处于更不利的地位。

6. 信誉

商品和人品的信誉也是谈判中的有利条件。有些商品已经在市场上获得了良好的口碑,有品牌优势,在谈判中就能够占据有利的位置。有些人在当地有良好的信誉,在谈判中也会处于有利的地位。而创业者初涉市场,不可能在商品和服务上有良好的口碑,利用这一点取得有利的地位很难。但注意从进入市场开始就建立商品和人品的信誉,能够为今后企业的发展打下基础。

7. 信息

掌握广泛的信息无疑是谈判中重要的筹码之一。如果你充分了解对方的问题和需求，甚至能够掌握谈判方的个人信息，无疑增强了谈判力。反之，如果对方拥有更多的相关信息，对我方有充分的了解，对方就有较强的谈判力。由于创业谈判中涉及的问题既多又杂，创业者在信息这方面很难有优势，但要尽可能地收集最必要的信息，以增加自身在谈判中的筹码。同时，在谈判中还要向有关专家咨询。如果在谈判中对方看到了创业者带来了业内专家，或从交谈中了解到创业者已经掌握了行业内的基本信息，会提高创业者的谈判能力。

8. 技巧

谈判技巧包含很多内容。谈判中既要察言观色，又要有逻辑思维和口才，还要有一定的分析判断能力等。谈判技巧一部分来源于个人的天资，但主要来源于创业者的学习及在商场上经验的积累。从调查来看，有些年轻的创业者虽然进入市场的时间不长，但由于善于总结经验，注重学习和培训，有较高的谈判技巧，而有些人虽然有较长时间的经商历史，但不注重学习和总结，谈判的能力并不强。

（三）创业谈判的注意事项

由于创业者缺乏经验，又在谈判中承担着最终决策者的职责，而谈判中的结果都会对创业带来一定的影响，所以，在创业谈判中要特别注意以下问题。

1. 谈判前尽可能全面地收集信息

从前面的案例可见，谈判中对信息的掌握是非常重要的筹码。谈判前需要掌握的信息很多，主要有四个方面：一是谈判企业的信息，包括企业的性质、企业的历史、当前的业务状况、企业提供的商品和服务在市场上的口碑，谁拥有企业的最终决策权，该企业在谈判中惯常的做法等；二是可替代产品或服务的信息，包括相关企业的信息，这些企业提供商品或服务的性价比，与谈判方提供商品或服务的比较等；三是谈判内容涉及的有关信息，包括历史上该商品或服务的价格、技术性能指标、市场行情、影响行情的因素变化等；四是在有可能的条件下，掌握谈判方个人的信息，如其历史、爱好、兴趣、主要社会关系等。了解以上信息，可以在谈判中得到更有利的条件。

2. 事先制定谈判的预案

在重大谈判前，创业者对谈判的可能结果要有设想，要确定自己的谈判条件。要设想如果对方不能满足自己的要求时可以做哪些让步及怎样让步。如果对方不让步，还可以有哪些相应的条件和措施。如果对方提出我方意外的条件和要求时需要怎么办。在谈判涉及的内容较多时，还可以做几个预案。在多人参与谈判时，谈判前要商议预案的内容，对谈判进行分工。在准备工作完成时，创业者感到分工和谈判的内容已经明确时才可以前去谈判。没有充分的准备，在谈判现场临时决定，以及有明确分工和谈判的方案就以小组的形式前去谈判，特别容易在谈判中陷入被动。

3. 不要忙于报价

对于涉及金额较大的谈判，同时又对行情了解不够的条件下，一般不要急于报价。有些商品和服务的价格弹性较大，从不同的角度衡量，以不同的方法计算会有不同的结果。如，我国河南的几个农民利用 3 年时间，投入近 30 万元发明了一种机器，发明者拥有全部知识产权，拥有几项专利。起初，发明的机器仅用于企业对外加工。后来马来西亚的一家企业找上门来表示希望购买这一机器回国使用，让这些农民报价。农民们根据成本加成法，考虑了机器生产的成本加 100% 的利润，报出了 18 万元的价格。谈判时对方非常爽快地同意了这一价格。在机器运走前，马来西亚商人透露，考虑到这一机器是全新的发明,他们原准备以120万元购买,而谈判的结果让他们捡了个大便宜。这几个农民知道后后悔不已,几天没有睡好觉。

4. 不要贪小便宜

以微小的让步促使谈判成功,从而确保自身的更大利益是谈判最常用的策略之一。对于没有经验的谈判者,如果被对方的小让步吸引,会有较大的损失。创业者一方面缺乏经验,容易为对方的小让步迷惑;另一方面在谈判中又处于弱势,有时会感到对方的让步来之不易,而忽视对大局的把握。

5. 要考虑长远利益与关系

商业活动需要大量的合作伙伴,与创业者谈判的并非竞争对手,多数是合作伙伴或潜在的合作伙伴。在谈判中,一方面要为自己争利益,另一方面也要注意不损害对方的利益。既不要使用欺骗手法,也不要乘人之危,而要使谈判的结果实现双赢。在谈判中要记住,做生意的另一面是做朋友,只有在商场上有了足够数量的合作伙伴,企业才有可能立于不败之地。在谈判结束时,无论该谈判是否成功,也要为以后可能的合作留下余地,使每一次谈判都扩大自己的合作伙伴。

6. 谈判条件要留有余地

在创业谈判中,有些条款是刚性的,是创业者的底线,超过这一底线就不能再谈了。但既然是谈判,就需要有可商议的条款,要有弹性的条件。如果只有一个条件,只能让对方在同意和不同意间选择,就失去了谈判的灵活性,这种谈判很难达成有利于双方的条款。在谈判前,要认真考虑相关的谈判条件,要有多种预案,要为对方留下一定的空间,谈判的态度要坚决,要保护自己的利益,同时谈判的方法要灵活,要让对方感到通过谈判可以为自己争取利益,愿意谈下去。

7. 要赢得对方的好感且自己要有正确的判断

在重大创业谈判中,很少有人一开始就进入主题,商议关键的条款。此时,双方的话题还未展开,对于对方也不了解,这时就谈关键问题容易使谈判陷入僵局。多数情况下,是先聊聊双方感兴趣的话题,平和心态,双方关系初步融洽时再开始谈判。谈判最忌盛气凌人,居高临下。如果对方对你没有好感,在谈判中很容易吃亏上当。我国著名收藏家马未都曾讲过这样一个故事,一次他们去古玩市场,其中,一个生意人不懂古玩,在市场上看中一个瓷碗,他用脚指着碗对蹲在那儿的卖碗人说:"嘿,这玩意儿多少钱。"对方冷冷地看了看他:"一万二。"经过一番讨价还价,最终这个生意人用1 000元买了一个只值20元的碗。此事说明,自己没有正确的判断报价且对方对你没有好感时,谈判的结果往往不利。

8. 思索要快,说话要慢

在谈判中,创业者所说的每一句话都会成为对方的条件,快人快语容易吃亏。谈判中切记,要想好了再说话,宁可少说话,不要说错话。谈判虽然有时有一定的时间用于聊天,但这种聊天与朋友间的聊天完全不同,不能将朋友间聊天的习惯用到谈判中。要慎重对待自己所说的每一句话,要对自己的话负责。在谈判中,思考一定要快,既要考虑对方的条件和话中的含义,又要察言观色,认识对方的真实意图,同时,还要斟酌自己的用词,使之正确表达己方的意图。

9. 要把握时机,善于决策

谈判中对于时机的把握有着重要的意义。当谈判的条款达到了我方的预计,可以接受时,要考虑是否立刻接受条件,结束谈判。因为此时如果再继续谈下去,有时条件反而会向不利于我方转变。另外,谈判的目的是为创业创造良好的条件,达到这一目是最重要的。迟迟不做决定,有时会丧失可以得到的时机。把握时机的关键是谈判前做好预案，根据预案设想决定谈判在什么条件下即可结束。没有事先的准备，仅凭借谈判时的判断，不容易把握好时机。

10. 从谈判的目的出发展示不同的自己

在谈判中以什么面貌出现也是值得注意的问题，仅仅以自己的日常面貌出现有时不利于创业。俗话说，到什么山唱什么歌，在谈判中要针对不同的对象，根据不同的目的，展示自己不同的方面。一般来说，在购物谈判中，不宜以有钱人的面貌出现。要让对方感到你购买这一物品力不从心，已经尽了最大努力时，有利于压低商品的价格。但在争取代理权、争取加工合同、争取贷款、争取外来投资以及在与进出口商等的谈判中，往往需要展示自己有实力的一面，这样才能得到对方的信任。在这种谈判中，不少新创业的企业虽然没有好车也要租一辆或借一辆去参加谈判。在谈判中还要穿上高档服装，戴一块好表。因为在此时，如果对方感到你没有实力，没有能力，就不愿意与你深谈，从而失去了发展业务的机会。

创业谈判既是一项技能，又是一门艺术，成为一个有能力的谈判人是不容易的。在创业谈判中需要注意的问题还很多，但把握住基本要点，并进行一定的努力，才能保证创业的成功。

五、签订创业合同的能力

创业谈判的结果有的是当场成交，有的则还要进入下一步：签订合同。如租房，商品订购，大宗商品交易等。连锁经营也要先签订连锁经营合同，以后在经营管理中还需要签订大量合同。

创业者需要学会在签订合同中识别合同中的问题，保护自己的利益，同时也要学会通过签订合同建立合作关系。

(一) 创业者需要签订哪些合同

根据调查，绝大多数创业者需要签订以下合同。

1. 租赁合同

绝大多数创业者需要租用土地、房屋，有些创业者还需要租赁部分设备、车辆。而租赁合同涉及的金额较大，时间较长，对创业成败的影响很大。如，有的创业者签订的租赁场地合同规定的租期很短，合同到期后，对方可以提高租金。此时，企业搬迁损失很大，不搬负担加大，陷入两难的境地。也有的创业者在租用农田后又进行了改造，由于合同规定的租期短，农田改造刚刚见到成效，合同就到期了，此时出租方既可以提高租金，又可以回收土地，而创业者处于非常不利的地位。另一方面，创业又有前景不确定的特点，如果将租期定得很长，一旦创业不利或创业后发展较快，都需要对场地、场所等进行调整。此时，过长的租期会使创业者处于两难的位置，也不利于创业。

2. 购销合同

所有的创业者都会签订购销合同。创业的生产型企业所需要的原材料、零部件以及设备等需要购买，有些设备还需要定制，完成这些需要与销售方或生产方签订采购合同。创业期间，企业常常委托批发商、超市、代理商组织销售，这些工作也要签订合同。从社会现实来看，部分老企业由于有长期业务关系，可以通过口头协议完成交易，而创业企业在市场上缺少这种关系和信任，产品的销售多需要签订销售合同。

3. 用工合同

多数农民创业企业中的员工虽然少，但根据国家规定，对所招收的员工也需要签订用工合同。签订用工合同既是对企业的一种约束，使企业有了义务，有了压力，同时也是对员工的一种约束和保障。从企业发展的实际可以看出，企业的发展离不开员工的努力，通过与员工签订合同，员工感到自己的利益有保障，有利于发挥员工的积极性和创造性，使员工与企业共同发展。

4. 技术合同

技术是企业发展的主要动力之一，是提高竞争能力的关键因素。对于生产和经营性企业来说，需要有关部门为其提供科技服务，需要购买相关技术，需要与有关企业或单位签订科技服务、科技开发、科技咨询等合同。通过这类合同，可以发挥科技单位的作用，促进企业的技术进步，在市场上取得更为有利的位置。

5. 代理合同

代理合同中有销售代理、委托代理、广告代理等。诸多小企业在创业中采用代理方式销售其他企业的产品，就要通过代理合同明确双方的权利、业务和责任。同时，也有大量的小企业通过委托代理的方式等，将自己生产的产品销售到全国甚至世界各地。还有大量的创业小企业将内部事务交有关代理机构负责处理，如目前就有不少小企业将企业的会计业务甚至部分办公业务交有关公司办理。这样不但减少了开支，而且也能保证业务的专业水平，在这些事务中，有不少需要签订服务代理合同。

除上述合同外，创业企业还经常需要签订运输合同、工程合同、仓储合同、承包合同、保险合同、外贸合同等。可以说，合同涉及企业对外业务的各个方面，签订合同是创业者处理相关业务不可缺少的一个环节。

（二）合同的主要内容

虽说创业合同可以有口头和书面两种形式，但口头合同缺乏证据，即所谓空口无凭，倘若发生纠纷解决比较困难，故涉及较大金额和较长时间，内容比较复杂的事物多用书面合同。

创业涉及的书面合同一般包含以下内容。

1. 当事人的基本情况

如果当事人是自然人，要注明姓名，同时要写明其户口所在地或经常居住的地方。法人则写明其名称、单位负责人、办事机构的地址、电话、传真等。

2. 标的

即合同中双方商谈的各自权利与义务。合同标的条款必须清楚地写明双方确定的各自权利和义务的名称与范围。如，所租是哪一房屋，承包的是哪一块土地等。

3. 质量和数量

质量和数量的内容要十分详细和具体，要有技术指标、质量要求、规格、型号等。数量条款也要确切。首先，应选择双方共同接受的计量单位；其次，要确定双方认可的计量方法；再次，还需要规定可以允许的合理误差，以及产生误差后的解决办法。如，双方谈定甲方购买乙方的500箱苹果，但在装车时发现，所定的运输车辆只能装482箱。如果合同中没有规定合理的误差，会给合同履行带来不少问题。

4. 价款或报酬

在合同中，除应当注意采用大小写来表明价款外，还应当注意在部分合同中价款的其他内容。如有的合同价款内容中还要有对于运费、保险费、装卸费、保管费等的规定。

5. 履行期限

指履行合同内容的时间界限。合同要在哪一时间段内履行，提前时有什么规定，超过时间后如何解决。如果是分期履行，还要列出分期的时间。

6. 履行的地点和方式

合同中还需要列出在何地，以何种方式履行合同的内容。

7. 违约责任

违约责任是因合同一方当事人或双方当事人的过错，造成合同不能履行或不能完全履行，过错方应承担的民事责任。增加违约责任条件可促使合同当事人履行合同义务,对维护合同当事人的利益关系重大,也是谈判的重要内容之一,谈判双方在合同中应对此予以明确。另一方面,违约责任是法律责任,即使在合同中当事人没有约定违约责任条款,只要当事人未依法予以免除,则违约方仍要承担相应的民事责任。

8. 解决争议的方法

当事人可以在合同中约定对于合同执行中发生争议的解决办法。一般情况下,谈判双方对争议应首先自己协商,如果协商不能解决,则还需要列出,是通过仲裁还是通过法院来解决纠纷。

9. 合同中约定的其他内容

如合同的份数、签订的时间及签订人等。一份内容完整的合同在双方签字或盖章后就有了法律效力。

(三) 签订合同时需要注意哪些问题

合同签订的好坏对创业企业影响重大,然而,创业者在企业初创时要面对各种各样的问题,全部处理好是非常困难的。如果有条件,创业者应设法结交法律界的朋友,如律师、司法人员,其他企业法律办公室的工作人员、学校的法律教师等;在签订重大合同时,及时与这些人员沟通,听取他们的意见,可以防止部分隐患的发生。如果无条件请别人帮助审查合同,创业者在签订重大合同时,应尽可能注意以下几点。

1. 坚持签订书面合同

口头协议办事非常方便,然而一旦对方失信,容易引发纠纷。从我国的情况看,我国有不少地区的中小企业长期通过彼此的信任开展业务,不签订合同也取得了良好的发展,有的企业也能够做到一定的规模。但是,也确有不少企业因没有合同的保护吃了哑巴亏。有的企业仅凭对方的电报、电话、发货通知单就进行交易,给合同履行带来隐患。从业务关系来看,认真签订合同并不影响双方的业务和朋友关系，对合同的认真态度甚至会使业务关系更为紧密，那些不愿意签订正式合同的单位和个人反而令对方感到不信任。在企业业务上认真和计较与朋友关系要分开，对于企业的业务不要好面子，要认真对待，吃亏占便宜都在明面上，这对创业者及业务关系户都有好处。

2. 掌握对方真实详细信息

创业中，一份合同是否有效的关键常常不在于合同条款的内容如何，而在于我们与谁签订合同。如果是一个有信誉、有能力、有实力，并希望与我们建立长期合作关系的单位，即使合同的签订中有一些问题，也不会造成严重的影响。相反，如果签订合同的对方是虚假单位，好的合同也不会有实际的效益。所以，签订合同前了解对方真实详细情况比合同的文字表述更为重要。如，有的创业者在租赁房屋时不是与房屋的所有者签订合同，而是与租房户签，这样的合同很难保证创业者的利益。又如，在供销合同中与根本就没有实力的供应或销售企业签订合同，执行中只能是听天由命，根本没保证。创业者要认真对待合同，同时也不能过分依赖合同。签订合同前一定要认真调查研究，要了解签订合同的对象，特别要从多个方面了解对方的真实情况，了解企业的行事作风，了解企业负责人的信誉和口碑。

3. 违法合同无效

合同的效力要建立在符合基本法律法规的基础之上，有违法内容的合同是无效合同。如，城市居民购买农民的住房，购买农村的土地开办企业，都是违法的，这种合同不受法律保护。仿造证明，冒充当事人等也是违法行为，签订的也是无效合同。另外，买空卖空，私自转让以及通过行贿签订的合同也是违法合同。当事人签订的合同是否符合法律的有关规定是个比较复杂的问题。只有在创业者十分明确，所签合同完全符合有关法律法规的条件下，才可以签订相关的合同。如果对合同内容是否违法并不完全清楚,最好在签订合同前就合同的内容,特别是认识不明确的地方咨询司法人员,以确保所签的合同正确而且有效。

4. 要有可靠的担保人

有些合同涉及的金额较大,如果签订合同的另一方在履行合同中有一定的风险,则需要在合同的签订中规定担保人,以此确保义务的履行和权利的实现。合同担保一方面是督促债务的履行;另一方面是确保债权的实现。片面地将合同的担保理解为确保债务的履行或确保债权的实现都是不全面的。一般来说,创业者对于合同的担保人要有比较全面的了解,以保证担保的可靠性;同时,担保人要有较强的经济实力,能够在发生问题时起到保证合同履行的作用。多数情况下,担保会增加签订合同的工作量,但一份切实可行的合同找到担保人并没有太大的困难。同时,要求担保,可以对合同的内容进行更深入的验证,有助于防止意外的损失。再有,合同保证人应是保证债务人履行债务的自然人、法人或者其他经济组织。《中华人民共和国担保法》规定:国家机关、学校、医院等以公益事业为主的事业单位、社会团体不得作为担保人;企业法人的分支机构、职能部门不得作为担保人,但企业法人的分支机构有法人出面授权的,可以在授权范围内提供担保。最后还要注意担保期限和担保时效方面的问题。

5. 权利义务内容要具体明确

在生活中,有些事物看来很明确,但用文字准确表达有一定的难度。而在经济合同中,含混的表达往往使企业真实的意图不能为对方所理解。如,水果采购商委托收购水果,仅仅说是收购上好的水果,则收购的果品多数情况下不会满足收购商的要求。此时,往往要对所收购果品的色泽、大小、外形、甜度等进行详细的描述,在大多数情况下还需要备有样品,这样合同才能明确。在土地租赁合同中，除了文字的表述外，一定要有双方盖章认可的位置图，以防止日后出现对土地位置的不同理解。对于加工产品，不但要有设计图，而且还需要有使用的材料及达到相关性能等要求的说明。对于工程服务等的质量要求，虽然不易表述，但如果要签订正式合同，也要有明确双方权利义务的具体内容，否则，不但自己的利益得不到保证，而且会给合作方留下不好的印象。

6. 尽可能在本地签订合同

近几年，少数公司利用人们急于交易的心理，许诺有较大量的交易，但坚持要创业者到对方所在地去签订合同。有时，签订合同的区域与创业者所在地有几千公里之遥，待人到了地方，对方的条件马上发生重大变化。此时，签订合同肯定吃亏，如不签，自己跑了几千里路，花了大量的时间，也不合适。对于创业的小企业来说，由于业务关系少，对外界了解少，在没有把握的情况下，业务尽可能在可以了解的周边区域或者商业信誉较好的大城市做。对于路途遥远的陌生地区需要保持一定的警惕，宁可盈利少一些，也要风险小一些。如果对方真有诚意，完全可以想出办法，没有必要一定要企业派人到几千里外去洽谈业务，签订合同。

六、能经营会管理

经营管理能力是创业者事业成功的保障，是创业取得成功的核心能力，是解决企业生存问题的第一要素。创业者面对激烈的市场竞争，要善于以经营强化管理，以管理促进经营，这样才能把产业做大做强。

七、懂技术善创业

创新精神是创业者事业成功的动力。创业不能光靠一身力气，创业者自己要懂技术。创业者自己要明白：技术是创业的基础，创业实际上就是一个充满创新的事业，创业者必须具备创新能力。

八、守法规讲诚信

遵纪守法是现代社会公民的基本素质和义务,是保持社会和谐安宁的重要条件。遵纪守法指的是每个从业人员都要遵守纪律和法律,尤其要遵守职业纪律和与职业活动相关的法律法规。诚信是人可贵的品质,更是企业的经营之道、立命之本,是企业生存与发展的基石。

九、能沟通会协调

沟通协调能力是创业者的必备能力。沟通协调是个人事业成功的基础,创业者要想创业成功,必须善于沟通协调。

十、抓机遇敢决策

捕捉商机和果断决策能力是创业者事业成功的关键。"机会要抓好,决策要及时"。现代的商战中,商机无时不有,无处不在。但如何识别机遇,当机遇来临时是否能抓住,关键就取决于创业者是否具有敏锐的洞察力和果断的决策力。我们常说"机遇+决策=财富",这不无道理。然而,要使好的机遇真正变为财富,还需要科学的决策来做保证。

机遇成就未来。一个真正的创业者对机会的感觉是很敏锐的,直白点说,就像狼狗对猎物一般敏锐,该出手时就出手,这是成功创业的基本要求。

第三节 创业致富需关注的问题

一、创业需要注意的基本问题

《福布斯》杂志遴选出了在创业过程中需要不停回答的 15 个最

重要的问题,无论你是想建立一个伟大的商业帝国,还是只想开家小公司,都要先问问自己以下这些问题。

(1) 你的价值主张是什么?如果你没有价值主张,意味着你可能没有生意。

(2) 你的产品是否有可行的市场?如果你想开家实业公司,首先要了解产品市场;如果开一家店铺,你要了解潜在的顾客。永远不要以为在市场需求存在之前,你可以创造需求。

(3) 你的产品与竞争者之间有何差异?如果你的产品没有特色,意味着很难吸引别人,你的店铺没有特色,顾客会进来吗?你自己会去一家毫无特色的店铺吗?

(4) 是否具有业务规模?小富和大富之间的差距就是规模大小,有规模的企业能够用极低的成本生产一个部件。是否存在不需要规模的行业?没有!

(5) 为实现理想你要投入什么?如果没有投入,怎么会有产出呢?这是一个很简单的问题。因此,如果想创业,就要准备付出一切。

(6) 你的强项是什么?这是一个很简单的问题,你不了解自己,怎么去了解别人?

(7) 你的短处是什么?这与上问相同,创业过程中应有所为,有所不为,不要去浪费资源,那无异于自杀,因此一定要专注于你所了解的领域。

(8) 你的客户会支付什么价格?产品的定价是一门学问,同一类产品,肯定存在差价,有些人喜欢贵的,有些人喜欢便宜的,但肯定都有一个客户愿意支付的上限。

(9) 如何销售产品?不管使用什么销售模式,都要保证它符合你的总体经营战略。没有好的策略,意味着很长时间你的效益不会很好,而效益是创业的生命线。

(10) 如何营销产品?现在的营销手段千奇百怪,有免费送礼物的、有抽奖的、有大酬宾的、有买一送一的、有网络营销的……不管采用什么方式，都要与产品和服务相匹配。

（11）市场新入者的威胁有多大？有钱赚的地方就有竞争，这是一个基本的道理，如果没有竞争，那么赚钱的肯定也不是你。在不断提升自己的同时，也要考虑新进入市场者的威胁有多大，是不是该适时做出调整。

（12）需要多少创业资本？大多数企业倒台的原因都是资本不足，这方面没有绝对的定律，但有一句话希望朋友们记住：你要将最初的估计翻一番。

（13）你有什么样的财务计划？如果没有目标，你便不能领导企业；如果没有合理的计划，意味着你的资金不能得到合理的运用，这都是致命的。

二、关注创业的常见问题

创办一个实业，首先要有一个构想和一定的理想，然后再从构想开始，考虑怎么样组成一个团队，怎样规划公司的发展前景，确定公司的发展方向。因此，在创业初期，需要解决以下难题。

（一）确立创业目标

赚钱是最重要的目标，但并不是唯一的目标，因为创业本身应该有理念，理念会带动很多新的产品创意和实践冲动。同时，你还需要成就感，它能让你心情愉悦。

（二）制订创业原则

在创立公司时，不应该只想着什么时候能收到成果，不要总想着今天还没有赚钱，明天会不会赚钱？第一次创业，你赚钱的期望会比较高，第二次创业就不会这样了。但每一次创业都需要用热情去支撑，同时用恒心来维持。

(三) 规划创业步骤

创业是一个循环的过程，是一个可持续发展的过程；如果你今天做事赚了钱，明天就不做了，那不是创业。业即事业，它可以维持你的生活，可以带给你成功的喜悦，可以让你一辈子为它而奋斗。因此，创意从哪里来，怎么会有这个创意，资金怎么找，怎么组织一个团队，市场营销怎么做等，都需要考虑。

(四) 创造创业条件

创业时，不一定要有一个很重大的发明，其实大部分搞发明的人也不创办实业；重要的是你所做的东西，在市场上会不会成功，会不会分得一份蛋糕。因此，你要考虑市场上需求怎么样，自己的能力怎么样，最后把这些都结合起来。

(五) 确定创业期限

一个很大的公司，至少要花三五年才能做出来，时间太长，风险也大，因为市场是不断变化和发展的。一个杂货店，可能只需要一个月、甚至更短的时间来准备，而亏的可能性也很小。但风险的大小、困难的多少，往往与收益成正比；越难的事情，收益也越高。

(六) 处理好与投资人的关系

如果你有合伙人，甚至有投资人，那么处理好与他们的关系也是一门学问，不要在创业初期就陷入内讧中。

(七) 产生好创意

一个很好的创意，在市场上并不一定有价值，因为任何好创意都已经被很多人想过了，重要的是在好创意里面，是否包含着市场需求。一切创意，都需要能直接或间接地提高市场销售额。

(八) 组织好团队

如果事业有一定规模，就需要雇用一批人员。组建团队的原则是，最好简单一点，不一定每个人都很强，但一定要有很强的凝聚力。

第四节 创业致富要做好的心理准备

强者对待事物,不看消极的一面,只取积极的一面;强者把每一天都当作新生命的诞生而充满希望,尽管这一天有许多麻烦事等着他;强者又把每一天都当作生命的最后一天,倍加珍惜。创业起步阶段,创业者必须要有以下心理准备:

一、要有积极、乐观、自信的心态

战略上藐视敌人,战术上重视敌人。创业也许很顺利,也许是一条艰难和充满风险的道路。但不管怎样,对于一个创业者来说,首先要自信,要相信自己的选择是正确的,相信自己能成功。自信是人生和事业成功的基础,如果你对自己的选择一点信心都没有,不如干脆放弃。要注意的是,不能盲目自信,而是建立在理性分析基础上的自信。

二、要有吃苦的心理准备

这一条其实不用多说。创业不同于普通上班,朝九晚五,时间固定,每个星期还有两天可休息、可娱乐,可对自己进行心理休养。创业,意味着没有休息日,意味着没有固定的休息时间,加班变成一种常态。也有可能你必须什么活都做,重的,轻的,精通的,不熟悉的,你都要能拿得起。创业的时候,没有老板的约束了,你必须克服你身上的惰性,学会自己约束自己。

三、要有独立分析和决策的心理准备

读书时,你不用操心,父母给你安排好了一切,你的道路很清晰。上班时,作为一个普通员工,或者你已经习惯了老板或上司给你分配工作任务,一句话,你可以有一定的依赖性。而当你选择了

自己创业,你就无法享受这种依赖性。一切都要靠你自己,你必须对自己负责,父母和朋友只能起辅助作用,甚至根本无法依靠。这时你就必须培养独立的分析能力和决策能力。你必须自己给自己制定工作计划,学会时间和事务管理。你必须自己决定经营和发展方向,自己决定怎样调配资源。

四、要有承受压力和挫折的心理准备

因为是自己的事业,你会面临很多压力,经营处于低潮怎么办,客户纠纷怎么处理,员工工作不称职怎么办,工商税务怎么对付,现金流中断怎么办,遇见突发事件怎么办……这一切都会让你产生压力感和挫折感,让你痛苦,让你辗转难眠。同时创业还面临一定的风险,你有可能失败,甚至辛辛苦苦筹集的资金都打了水漂,让你第一次创业遭受沉重的打击。

有了充分的心理准备,成功的概率大增,就是失败了,也敢于面对不好的结果,有利于东山再起。

第五节 保持良好的心态去创业致富

心态对于创业非常重要,特别在人际关系复杂的现在,良好的心态有助于事业的发展。那么,应怎样在人际关系复杂的社会环境中,保持最佳心态呢?

一、要善于抑制个人情绪

每个人的情绪不会是一成不变的,有时好、有时坏、有时波动如浪、有时平静如水。因此,我们必须学会控制情绪,对于做生意的朋友来说更是如此。我们需要在最短的时间中,将不良情绪消灭在萌芽状态,让它不再扩展、蔓延。要做到这一点,我们必须要注意用"理智调剂"。心理学认为,人们发脾气、吵嘴打架,往往是感

情冲破理智的大门造成的，因此，凡事应该三思而后行。否则容易造成对方不理解，形成突发性矛盾，导致仓促之间失去理智的平衡。万一遇到蛮横不讲理的客户，我们也要善于压火，要显示出自己的大方，有气节，不失高尚的人格。同时，我们要善于退却。以退为进的退却，是消除战火的积极心理因素。如果能做到这些，就不愁没有人缘、没有顾客缘了。

二、学会内省

当我们遇到挫折时，特别是在创业的初期，我们会遇到相对更多的挫折，我们不应轻言放弃，妄自菲薄。所谓失败是成功之母，在我们遇到挫折时，我们应先找自身的原因。内省是一个很好的反省方法。内省的方式有三种：

（1）以日记形式回忆一天的生活，这是思维自我净化的一个冶炼过程。可以在起步阶段用日记的方式记录一天所见所闻，所做所感。比如你今天在店里碰到一个潜在顾客，由于你的不恰当言语，这一潜在顾客空着手走出你的店。那么你就应不断对比，找到不足，不断改进，用这种方法自我反省，久久之，你就会收获更多的生意经。

（2）面壁，实际上是思维的新陈代谢。它比日记形式有更大的空间，可以想象得更多、更辽远、更广阔。据创业情报分析，如果将这种方式与日记方式结合并用，亦思亦记，有想有录，净化效果会更佳。

（3）开卷自珍，即学习一些与个人职业、交往、生活等方面有关的报刊资料和影视录像等。它不仅有助于心境一步步提高，也会丰富我们的知识，开阔我们的视野。

三、应在处理人际关系时把握一个好尺寸

所谓好尺寸，是指善于学习、仿效他人的长处。这不但能使自

己与周围的人们形成和睦的气氛,有利于我们最佳心态的培养与稳固,也容易把周围的事情处理好。相对而言,对别人的缺点(这里的别人对于创业的朋友来说,主要是指自己的合作伙伴或者生意场上的朋友),除了自己应该警惕之外,应尽量把握好揭短的尺寸——尤其是对那些缺乏道德涵养,且又心胸狭隘、自高自傲的人。揭短的最好办法是在不知不觉中感化掉对方的痼疾。在处理此类问题时,注意方式方法,往往能达到事半功倍的效果。

第二章 寻找农民创业致富的模式

第一节 寻找适合自己的创业致富方式

人人都可以创业,创业成功的人却不多。经常听到有人问别人,你做得这样好,到底有什么秘诀啊?而被问者往往难以回答,或直接谈谈自己的发家史。其实这个问题要简单而精辟地回答,一句话就可以了:创业需要结合自己的特点。换句话来说,不是每一种创业方式都适合所有人的,一种创业方式甲会赚钱,乙却可能亏本。那么如何判断一种创业方式适合不适合你呢?这要说简单很简单,你了解了自己的特点自然就明白了什么创业方式适合你;但说难也很难,因为大部分人并不真正了解自己,或者经常过高评估自己。

那么该如何结合自己的特点找到适合自己的创业方式呢?

一、将创业与兴趣相结合

兴趣是最好的老师,没有兴趣,你将失去热情,甚至失去动力。一个没有学习兴趣的人,肯定是学不好的;同样,一个没有某方面兴趣的人,去从事某方面的工作,肯定是干不好的。如果能把兴趣同创业目标结合起来,那将是非常幸运的,快乐创业,快乐人生。打个比方,如果你有绘画和设计方面的兴趣,可以搞个专业工作室,从事家庭装潢设计;如果你对花卉感兴趣,可以开家花店,或种植花草。

二、了解自己的优缺点，发挥优势

要是你拥有某方面的特长，那就从事此项服务或培训。比如，你对电器很在行，那么不妨开一家电器维修店；你对服装很有审美品位，那么不妨去从事服装裁剪或批发销售业务。一句话，人尽其才，你要发现自己的优势，并把优势运用到实际创业中去。

三、及时修正产品的缺陷

许多产品在漫长的岁月里拥有了稳定的消费群体，但这些产品往往也存在一些缺陷。你在从事某种产品的销售或设计，那么就要从成熟产品的薄弱处入手，强化、优化、细化某些功能，说不定就能推出一件新产品，这样你还可以争取到原产品长期培育的客户资源，并能不断发展新客户。

四、巧妙进行无本经营

创业需要资金，如果你没有积蓄，也一时贷不到款，那么该怎么办呢？不妨考虑一些不用花钱的创业方式。比如，随着生活节奏的加快，舍得花钱买时间的人越来越多，城市速递业务也就应运而生。类似业务当然还可以扩展，比如代人购物、接人、代人排队等。虽然这些属于小利，但不要小看这些小利，它就是你的原始积累。

对于不知道该如何创业的人，一定要有打持久战的心理准备，同时结合自身的特点、专业和擅长，整合自身资源，找准项目，大胆尝试。只要你选对了方向，再加上具有其他优秀品质，一旦机会出现了，你就能及时抓住，并获得成功。

第二节　个体经营模式

个体经营是生产资料归个人所有，以个人劳动为基础，劳动所得归劳动者个人所有的一种经营形式。个体经营有个体工商户和个人合伙两种形式。社会上一般认同的个体工商户则指广义上的个体工商户，其中包括个人合伙。

个体经济具有进入门槛不高、成本和风险低、进出自由以及经营规模、方式和场地灵活等特点和优势，是大部分农民在城镇化过程中实现身份转型的必经途径，也是民族地区农民走出农村，实现脱贫致富的必然选择。

第三节 集约化经营模式

集约农业是农业中的一种经营方式。是把一定数量的劳动力和生产资料，集中投入较少的土地上，采用集约经营方式进行生产的农业。同粗放农业相对应，在一定面积的土地上投入较多的生产资料和劳动，通过应用先进的农业技术措施来增加农业品产量的农业，称"集约农业"。

集约农业具体表现为大力进行农田基本建设，发展灌溉，增施肥料，改造中低产田，采用农业新技术，推广优良品种，实行机械化作业等。集约农业的发展程度主要取决于社会生产力和科学技术的发展水平，也受自然条件、经济基础、劳动力数量和素质的影响。衡量集约农业发展水平的指标有两类：①单项指标。如单位面积耕地或农用地平均占有的农具和机器的价值（或机器台数、机械马力数）、电费（或耗电量）、肥料费（或施肥量）、种子费（或种子量）、农药费（或施药量）及人工费（或劳动量）等。②综合指标。如单位面积耕地或农用地平均占用生产资金额、生产成本费、生产资料费等。中国的长江三角洲、珠江三角洲和成都平原等地区均属集约农业。

第四节　股份制经营模式

股份制是指全部注册资本由等额股份构成并通过发行股票（或股权证）筹集资本，公司以其全部资产对公司债务承担有限责任的企业法人。其主要特征是：公司的资本总额平分为金额相等的股份；股东以其所认购股份对公司承担有限责任，公司以其全部资产对公司债务承担责任；每一股有一表决权，股东以其持有的股份，享受权利，承担义务。

股份制企业是指两个或两个以上的利益主体，以集股经营的方式自愿结合的一种企业组织形式。它是适应社会化大生产和市场经济发展需要、实现所有权与经营权相对分离、利于强化企业经营管理职能的一种企业组织形式。

第五节　农村经纪人经营模式

一、农村经纪人的含义

农村经纪人是指在农村经济活动中，以收取佣金为目的，而从事中介（居间）、行纪、代理、咨询以及产品运销等经营服务的公民、法人和其他经济组织。

这一定义的内涵有五层含义：经纪人在活动中以收取佣金为目的；服务的对象为买卖双方；经纪人活动的中心是要促成他人交易；经纪活动的形式主要是居间、行纪、代理等；经纪人活动的主体包括公民、法人和其他经济组织。

按照经纪活动的类型可以划分为农产品经纪人、技术经纪人、信息型经纪人、劳务经纪人、文化经纪人、保险经纪人。

二、农村经纪人的组织形式

（1）以公司形式出现的农村经纪人合法组织。这种组织形式有法人代表，有明确的产权关系，因此运行效率很高，市场开拓和抵御风险的能力很强，信息资源的综合利用水平较高，是未来农村经纪人发展的必然方向。

（2）以专业协会形式。这类协会是自发组建的，没有明确的产权关系，本着民办、民管、民受益的原则，因此运行效率高，市场信息流通速度快，值得大力发展，专业协会型主要可分为两种类型。

①技术服务型。该协会负责新品种引进，实用技术培训，加速农业和农村的高科技步伐，一般不负责产品的销售服务。

②市场开拓型。也叫订单农业型，其特点是：协会向外跑市场签订单，统一引进良种，统一育亩，统一技术要求，统一技术培训，与会员和农户签订单合同，由协会统一销售，所以市场风险小，丰收有保证。

（3）以信息中介服务站或农产品经营部为依托的方式，提供一定的信息和产品，但不负责回收相应产品。

（4）表面没有加入任何组织的经纪人，他们主要以个人为单位活动，这是一种原始的组织形式。从宏观来看，单独经营必然导致社会总体交易成本过高，另外个体抵御风险能力较差，因此效率特别低。

第六节 农民专业合作社经营模式

一、农民专业合作社经营模式的概述

农民专业合作社是在农村家庭承包经营基础上，同类农产品的生产经营者或者同类农业生产经营服务的提供者、利用者，自愿联

合、民主管理的互助性经济组织。农民专业合作社以其成员为主要服务对象,提供农业生产资料的购买,农产品的销售、加工、运输、贮藏以及与农业生产经营有关的技术、信息等服务。

二、农民专业合作社要具备的条件

(1) 有5名以上符合规定的成员,即具有民事行为能力的公民以及从事与农民专业合作社业务直接有关的生产经营活动的企业、事业单位或者社会团体,能够利用农民专业合作社提供的服务,承认并遵守农民专业合作社章程,履行章程规定的入社手续的,可以成为农民专业合作社的成员。但是,具有管理公共事务职能的单位不得加入农民专业合作社。

农民专业合作社应当置备成员名册,并报登记机关。农民专业合作社的成员中,农民至少应当占成员总数的80%。成员总数20人以下的,可以有一个企业、事业单位或者社会团体成员,成员总数超过20人的,企业、事业单位和社会团体成员不得超过成员总数的5%。

(2) 有符合法律规定的章程。

(3) 有符合法律规定的组织机构。

(4) 有符合法律、行政法规规定的名称和章程确定的住所。

(5) 有符合章程规定的成员出资。

三、农民合作社设立的程序

(1) 发起筹备。

(2) 制定合作社章程。

(3) 推荐理事会、监事会候选人名单。

(4) 召开全体设立人大会。

(5) 组建工作机制。

(6) 登记、注册。

四、农民专业合作社应当遵循的原则

（1）成员以农民为主体。

（2）以服务成员为宗旨，谋求全体成员的共同利益。

（3）入社自愿、退社自由。

（4）成员地位平等，实行民主管理。

（5）盈余主要按照成员与农民专业合作社的交易量（额）比例返还。

第七节　生态农业经营模式

一、生态农业模式的概述

生态农业模式是一种在农业生产实践中形成的兼顾农业的经济效益、社会效益和生态效益，结构和功能优化了的农业生态系统。

二、生态农业模式类型

为进一步促进生态农业的发展，农业部向全国征集到了370种生态农业模式或技术体系，通过专家反复研讨，遴选出经过一定实践运行检验，具有代表性的十大类型生态模式，并正式将这十大类型生态模式作为今后一个时期农业部的重点任务加以推广。

这十大典型模式和配套技术是：北方"四位一体"生态模式及配套技术；南方"猪—沼—果"生态模式及配套技术；平原农林牧复合生态模式及配套技术；草地生态恢复与持续利用生态模式及配套技术；生态种植模式及配套技术；生态畜牧业生产模式及配套技术；生态渔业模式及配套技术；丘陵山区小流域综合治理模式及配套技术；设施生态农业模式及配套技术；观光生态农业模式及配套技术。下面给大家介绍这十种典型生态农业模式。

(一) 北方"四位一体"生态农业模式

1. 基本概念

它是一种庭院经济与生态农业相结合的新的生产模式。它以生态学、经济学、系统工程学为原理，以土地资源为基础，以太阳能为动力，以沼气为纽带，种植业和养殖业相结合，通过生物质能转换技术，在农户的土地上，在全封闭的状态下，将沼气池、猪禽舍、蔬菜生产和日光温室等组合在一起，形成一个产气、积肥同步，种养并举，能源、物流良性循环的能源生态系统工程，所以称为"四位一体"模式。

2. 具体形式

在一个150平方米塑膜日光温室的一侧，建一个8～10立方米的地下沼气池，其上建一个约20平方米的猪舍和一个厕所，形成一个封闭状态下的能源生态系统。主要的技术特点是：①圈舍的温度在冬天提高了3～5℃，为猪等禽畜提供了适宜的生产条件，使猪的生长期从10～12个月下降至5～6个月。由于饲养量的增加，又为沼气池提供了充足的原料；②猪舍下的沼气池由于得到了太阳热能而增温，解决了北方地区在寒冷冬季的产气技术难题；③猪呼出大量的二氧化碳，使日光温室内的二氧化碳浓度提高了4～5倍，大大改善了温室内蔬菜等农作物的生长条件，蔬菜产量可增加，质量也明显提高，成为一类绿色无污染的农产品。

3. 经济效益

这种模式能充分利用秸秆资源，化害为利，变废为宝，是解决环境污染的最佳方式，并兼有提供能源与肥料，改善生态环境等综合效益，具有广阔的发展前景，为促进高产高效的优质农业和无公害绿色食品生产开创了一条有效的途径。具体地说可以实现：①蔬菜增产，如冬季黄瓜、茄子1平方米可增产2～5千克，增收5～6元，年节省化肥开支约200元；②温室育猪可提前150天出栏，降低成本 40～50 元；③沼气点灯年节电 60 元，节煤 130 元；④改变了北方地区半年种田半年闲的习俗，也改变了冬闲季节"男人打麻将，女人玩纸牌，邻里吵架和打骂"的陈陋风俗，促进了农村精神文明建设；⑤农村庭院面貌整齐、清洁、卫生，完全改变了"人无厕所猪无圈，房前屋后多粪便，烧火做饭满屋烟，杂草垃圾堆满院"的旧面貌。

4. 现有规模

"四位一体"模式在辽宁等北方地区已经推广到 21 万户。

（二）南方"猪—沼—果"生态农业模式

1. 基本概念

以沼气为纽带，带动畜牧业、林果业等相关农业产业共同发展的生态农业模式。

2. 主要形式

户建一口沼气池，人均年出栏 2 头猪，人均种好 667 平方米果。

3. 经济效益

（1）用沼液加饲料喂猪，猪可提前出栏，节省饲料 20%，大大降低了饲养成本，激发了农民养猪的积极性。

（2）施用沼肥的脐橙等果树，要比未施肥的年生长量高 0.2 米，多长 5～10 个枝梢，植株抗寒、抗旱和抗病能力明显增强，生长的脐橙等水果的品质提高 1～2 个等级。

（3）每个沼气池还可节约砍柴工 150 个。

4. 现有规模

在我国南方得到大规模推广，仅江西赣南地区就有 25 万户。

（三）生态种植

1. 基本概念

生态种植模式是指依据生态学和生态经济学管理，利用当地现有资源,综合运用现代农科学技术,在保护和改善生态环境的前提下,进行粮食、蔬菜等农作物高效生产的一种模式。

2. 主要模式

(1)"间套轮"种植模式。"间套轮"种植模式是指利用生物共存、互惠原理,在耕作制度上采用间作套种和轮作倒茬的模式。间作是指两种或两种以上生长季节相近的作物在同一块地里同时或同一季成行地间隔种植。套种是在前作物的生长后期,于其株行间播种或栽植后作物的种植方式。合理安排间作套种可以提高产量,充分利用空间和地力,还可以调剂用工、用水和用肥等矛盾,增强抗击自然灾害的能力。轮作倒茬是指在两种或两种以上生长季节不同的作物在同一块地里轮番种植。即在前茬作物收获、倒茬后,连续或间歇栽植后茬作物种植方式。合理的轮作倒茬可以均衡利用土壤养分,改善土壤理化性状,调节土壤肥力,且可以防治病虫害,减轻杂草危害,从而间接地减少肥料和农药等化学物质的投入,达到生态种植的目的。

(2)保护耕作模式。该模式是用秸秆残茬覆盖地表,通过减少耕作防止土壤结构破坏,并配合一定量的除草剂、高效低毒农药控制杂草和病虫害的一种耕作栽培技术。保护性耕作因有根茬固土、秸秆覆盖和减少耕作等作用,故可以有效地保持土壤结构、减少水分流失和提高土壤肥力从而达到增产目的。该技术是一项把大田生产和生态环境保护相结合的技术,俗称"免耕法"或"免耕覆盖技术"。

配套技术:中国农业大学"残茬覆盖减耕法";陕西省农科院旱农所"旱地小麦高留茬少耕全程覆盖技术";山西省农科院"旱地玉米免耕整秆半覆盖技术";河北省农科院"一年两熟地区少免耕栽培技术";山东淄博农机所"深松覆盖沟播技术";重庆开县农业生态环境保护站"农作物秸秆返田返地覆盖栽培技术";四川苍溪县的水旱免耕连作;重庆农业环境保护监测站的稻田垄作免耕综合利用技

术等。

（3）旱作节水农业生产模式。旱作节水农业是指利用有限的降水资源，通过工程、生物、农艺、化学和管理等，将生产和生态环境保护相结合的一种农业生产技术。该技术模式可以消除或缓解水资源严重匮乏地区的生态环境压力、提高经济效益。

配套技术：抗旱节水作物品种的引种和培育；关键期有限灌溉、抑制蒸腾、调节播栽期避旱、适度干旱处理后的反冲机制利用等农艺节水技术；微集水沟垄种植、保护性耕作、耕作保墒、薄膜和秸秆覆盖、经济林果集水种植等；抗旱剂、保水剂、抑制蒸发剂、作物生长调节剂的研制和应用；节水灌溉技术、集雨补灌技术、节水灌溉农机具的生产和利用等。

（4）无公害农产品生产模式。该模式是在玉米、水稻、小麦等粮食作物主产区推广优质农作物清洁生产和无公害生产的专用技术，集成无公害优质农作物的技术模式与体系，以及在蔬菜主产区进行无公害蔬菜的清洁生产及规模化、产业化经营的技术模式配套技术：平衡施肥技术；新型肥料的施用；控制病虫草害的生物防治技术；农药污染控制技术；新型农药的应用等。

（四）生态畜牧业生产模式及配套技术

1. 基本概念

该模式是利用生态学、生态经济学原理，结合系统工程和清洁生产的理论和方法进行畜牧业生产的过程，其目的在于达到保护环境、资源永续利用的同时生产优质的畜产品。

（1）复合型生态养殖场生产模式。该模式主要特点是以畜禽动物养殖为主，辅以相应规模的饲料粮（草）生产基地和畜禽粪便消纳土地，通过清洁生产技术生产优质畜产品。

技术组成：①无公害饲料基地建设。根据饲料粮（草）品种选择土壤基地的建立，根据土壤培肥技术、有机肥制备和施用技术、平衡施肥技术和高效低残留农药施用等技术配套，实现饲料原料清洁生产目的；②饲料及饲料清洁生技术。根据动物营养学原理，应用先进的饲料配方技术和饲料制备技术，根据不同畜禽种类、长势进行饲料搭配，生产全价配合饲料和精料混合料。作物残体（纤维性废弃物）因营养价值低或可消化性差，不能直接用作饲料。但如果将它们进行适当处理，即可大大提高其营养价值和可消化性。目前，秸秆处理方法有机械（压块）、化学（氨化）、生物（青贮）等处理技术。国内应用最广的是青贮和氨化；③养殖及生态环境建设。畜禽养殖过程中利用先进的养殖技术和生态环境建设，达到畜禽生产的优质、无污染，通过禽畜舍干清粪技术和疫病控制技术，使畜禽在优良的生长环境中无病或少病发生；④固液分离技术和干清粪技术。对于用水冲洗的规模化畜禽养殖场院，其粪尿采用水冲方法排放，既污染环境又浪费水资源，也不利于养分资源利用。采用固液分离设备进行固液分离，固体部分进行高温堆肥，液体部分进行沼气发酵。同时为了减少用水量，尽可能采用干清粪技术；⑤污水资源化利用技术。采用先进的固液分离技术分离出液体部分在非种植季节进行处理后达标排放或者进行蓄水贮藏，在作物生长季节可以充分利用污水中的水肥资源进行农田灌溉；⑥有机肥和有机无机复混肥制备技术。采用先进的固液分离技术、固体部分利用高温堆肥技术生产优质有机肥和商品化有机无机复混肥；⑦沼气发酵技术。利用畜禽粪便进行沼气和沼肥生产，合理地循环利用物质和能量，解决燃料、肥料、饲料矛盾，改善和保护生态环境，促进农业全面、持续、良性发展，促进农民增产增收。

（2）规模化生态养殖场生产模式。该模式主要特点是以大规模畜禽动物养殖为主，但缺乏相应规模的饲料粮（草）生产基地和畜禽粪便消纳设施及场所，因此需要通过一系列生产技术措施和环境工程技术进行环境治理最终生产优质畜产品。

技术组成：①饲料及饲料清洁生产技术；②养殖及生态环境建

设；③固液分离技术；④污水处理与综合利用技术；⑤畜禽粪便无害化高温堆肥技术；⑥沼气发酵技术。

（3）生态养殖场产业化开发模式。生态养殖产业化经营是现代畜牧业发展的必然趋势，是生态养殖场生产的一种科学组织与规模化经营的重要形式。商品化和产业化生态养殖场生产主要包括饲料饲草的生产与加工、优良畜禽新品种的选育与繁育、畜禽的健康养殖与管理、畜禽的环境控制与改善、畜禽粪便无害化与资源化利用、畜禽疫病的防治、畜禽产品加工、畜禽产品营销和流通等环节。科学合理地确定各生产要素连接方式和利益分配，从而发挥畜禽产业化、各生产要素专业化和社会化的优势，实现生态畜牧业的产业化经营。

（五）生态渔业模式及配套技术

1. 基本概念

该模式是遵循生态学原理，采用现代生物技术和工程技术，按生态规律进行生产，保持和改善生产区域的生态平衡，保证水体不受污染，保持各种水生生物种群的动态平衡和食物链网结构合理的一种模式。

2. 主要形式及配套技术

池塘混养是将同类不同种或异类异种生物在人工池塘中进行多品种综合养殖的方式。其原理是利用生物之间具有互相依存、竞争的规则，根据养殖生物食性垂直分布不同，合理搭配饲养品种与数量，合理利用水域、饲料资源，使养殖生物在同一水域中协调生存，确保生物的多样性。

（1）鱼与鱼池塘混养模式及配套技术。①常规鱼类多品种混养模式。常规鱼类指草鱼、鲢鱼、鳙鱼、青鱼、鲤鱼、罗非鱼等。主要利用草鱼为草食性、鲢（鳙）鱼为滤食性、青鱼与鲤鱼为吃食性、罗非鱼为杂食性的食性不同和草鱼、鲢、鳙在上层，鲤鱼中层，青鱼、罗非鱼中下层的垂直分布不同,合理搭配品种进行养殖。本模式适宜池塘、网箱养殖,由于所养殖的鱼类是大宗品种,因此经济效益相对较低。②常规鱼与名特优水产品种综合养殖模式。本养殖模式一般以名特优水产品种为主,以常规品种为辅,采用营养全、效价高的人工配合饲料进行养殖。技术含量高,经济效益好。核心技术为:斑点叉尾鮰池塘混养技术,加州鲈、条纹鲈池塘混养技术,美国红鱼池塘混养技术,鳜鱼池塘混养技术,胭脂鱼池塘混养技术,蓝鲨池塘混养技术。

(2) 鱼与渔池塘混养模式及配套技术。①鱼与鳖混养技术。如罗非鱼与鳖混养模式主要利用罗非鱼和鳖生长温度、食性相似、底栖等的生物学特点,将两者进行混养。在这一养殖模式中利用罗非鱼"清道夫"功能,主养鳖。其特点比单一养殖鳖经济效益高。②鱼与虾混养技术。主要有淡水鱼虾、海水鱼虾混养两种类型。淡水鱼虾混养多为常规或名特优淡水鱼类与青虾、罗氏沼虾混合养殖和海水鱼类与对虾混养模式。淡水混养中的"鱼青混养",一般以鱼类为主,青虾为辅;"鱼罗混养",则以罗氏沼虾为主。在海水鱼类与对虾混养中以虾类为主。特别是中国对虾与河鲀、鲈鱼混养值得一提,在养殖过程中以中国对虾为主,同时放入少量的肉食性鱼类(河鲀或鲈鱼),河鲀、鲈鱼摄食体质较弱、行动缓慢的病虾,避免了带病毒对虾死亡后释放病原体于水中的可能,从而阻断了病毒的传播途径。③鱼与贝混养技术。一般包括淡水鱼类与三角帆蚌、海水鱼类与贝类(缢蛏、泥蚶)混养模式。在三角帆蚌育珠中,配以少量的上层鱼类如鲢鱼、鳙鱼和底栖鱼类罗非鱼,可以清洁水域环境,减少杂物附着,提高各层养殖质量;在缢蛏、泥蚶等贝类养殖池塘中放入少量的鲈鱼、大黄鱼进行混养,由于鲈鱼、大黄鱼的残饵与排泄物可以起到肥水作用,促进浮游生物的生长,同时摄食体质较弱的贝肉。肥水增加的浮游生物又被滤食性的贝类所利用,从而达到生态平衡。④鱼与蟹混养技术。通常指梭子蟹与鲈鱼、鲷鱼或对虾混养。梭子蟹为底栖生物，以动物饵料为食，适合在透明度为30厘米的水中生长，鲈、鲷的残饵与排泄物可以起到肥水促进浮游生物生长的作用，为梭子蟹生长提供适宜的环境。应注意的是鲈、鲷为凶猛的肉食性鱼类，为避免捕食蜕（换）壳蟹，散养时应投喂足够的饵料或采用小网箱套养。

(六) 观光生态农业模式及配套技术

1. 基本概念

该模式是指以生态农业为基础，强化农业的观光、休闲、教育和自然等多功能特征，形成具有第三产业特征的一种农业生产经营形式。

2. 主要模式

包括高科技生态农业园、精品型生态农业公园、生态观光村和生态农庄等4种。

(1) 高科技生态农业观光园。主要以设施农业（连栋温室）、组配车间、工厂化育苗、无土栽培、转基因品种繁育、航天育种、克隆动物育种等农业高新技术产业或技术示范为基础，并通过生态模式加以合理联结，再配以独具观光价值的珍稀农作物、养殖动物、花卉、果品以及农业科普教育（如农业专家系统、多媒体演示）和产品销售等多种形式，形成以高科技为主要特点的生态农业观光园。

技术组成：设施环境控制技术、保护地生产技术、营养液配制与施用技术、转基因技术、组培技术、克隆技术、信息技术、有机肥施用技术、保护地病虫害综合防治技术、节水技术等。

典型案例：北京的锦绣大地农业科技园、中以示范农场、朝来农艺园和上海孙桥现代农业科技园。

(2) 精品型生态农业公园。通过生态关系将农业的不同产业、不同生产模式、不同生产品种或技术组合在一起，建立具有观光功能的精品型生态农业公园。一般包括粮食、蔬菜、花卉、水果、瓜类和特种经济动物养殖精品生产展示、传统与现代农业工具展示、利用植物塑造多种动物造型、利用草坪和鱼塘以及盆花塑造各种观赏图案与造型,形成综合观光生态农业园区。

技术组成:景观设计、园林设计、生态设计技术,园艺作物和农作物栽培技术,草坪建植与管理技术等。

典型案例:广东的绿色大世界农业公园。

(3)生态观光村。专指已经产生明显社会影响的生态村,它不仅具有一般生态村的特点和功能(如村庄经过统一规划建设、绿化美化环境卫生清洁管理,村民普遍采用沼气、太阳能或秸秆氨化,农户庭院进行生态经济建设与开发等),而且由于具有广泛的社会影响,已经具有较高的参观访问价值和较为稳定的客流,可以作为观光产业进行统一经营管理。

技术组成:村镇规划技术、景观与园林规划设计技术、污水处理技术、沼气技术、环境卫生监控技术、绿化美化技术、垃圾处理技术、庭院生态经济技术等。

典型案例:北京大兴区的留民营村、浙江省藤头村。

(4)生态农庄。一般由企业利用特有的自然和特色农业优势,经过科学规划和建设,形成具有生产、观光、休闲度假、娱乐乃至承办会议等综合功能的经营性生态农庄,这些农庄往往具备赏花、垂钓、采摘、餐饮、健身、狩猎、宠物乐园等设施与活动。

技术组成:自然生态保护技术、自然景观保护与持续利用规划设计技术、农业景观设计技术、人工设施生态维护技术、生物防治技术、水土保持技术、生物篱笆建植技术等。

典型案例:北京郊区的安利隆生态旅游山区、蟹岛度假村。

(七)平原农林牧复合生态模式及配套技术

1. 基本概念

农林牧复合生态模式是指借助接口技术或资源利用在时空上的

互补性所形成的两个或两个以上产业组成的复合生产模式（所谓接口技术是指联结不同产业之间物质循环与能量转换的连接技术，如种植业为养殖业提供饲料饲草，养殖业为种植业提供有机肥，其中利用秸秆转化饲料技术、利用粪便发酵和有机肥生产技术均属接口技术，是平原农牧业持续发展的关键技术）。平原农区是我国粮、棉、油等大宗农产品和畜产品乃至蔬菜、林果产品的主要产区，进一步挖掘农林、农牧、林牧不同产业之间的相互促进、协调发展的能力，对于我国的食物安全和农业自身的生态环境保护具有重要意义。

2. 具体形式

（1）"粮饲—猪—沼—肥"生态模式及配套技术。包括：一是种植业由传统的粮食生产一元结构或粮食、经济作物生产二元结构向粮食作物、经济作物、饲料饲草作物三元结构发展，饲料饲草作物正式分化为一个独立的产业，为农区饲料业和养殖业奠定物质基础；二是进行秸秆青贮、氨化和干堆发酵，开发秸秆饲料用于养殖业，主要是养牛业；三是利用规模化养殖场畜禽粪便生产有机肥，用于种植业生产；四是利用畜禽粪便进行沼气发酵，同时生产沼渣沼液，开发优质有机肥，用于作物生产。主要有粮—猪—沼—肥、草地养鸡、种草养鹅等模式。

主要技术：包括秸秆养畜过腹还田、饲料饲草生产技术、秸秆青贮和氨化技术、有机肥生产技术、沼气发酵技术以及种养结构优化配置技术等。

配套技术：包括作物栽培技术、节水技术、平衡施肥技术等。

（2）"林果—粮经"立体生态模式及配套技术。该模式国际上统称农林业或农林复合系统，主要利用作物和林果之间在时空上利用资源的差异和互补关系，在林果株行距中间开阔地带种植粮食、经济作物、蔬菜、药材乃至瓜类，形成不同类型的农林复合种植模式，也是立体种植的主要生产形式，一般能够获得较单一种植更高的综合效益。

推广地区：河南兰考的桐（树）粮（食）间作、河北与山东平原地区的枣粮间作、北京十三陵地区的柿粮间作等。

具体形式：有立体种植、间作技术等。

配套技术：包括合理密植栽培技术、节水技术、平衡施肥技术、病虫害综合防治技术等。我国"农田林网"生态模式与配套技术也可以归结为农林复合这一类模式中。主要指为确保平原区种植业的稳定生产，减少农业气象灾害，改善农田生态环境条件，通过标准化统一规划设计，利用路、渠、沟、河进行网格化农田林网建设以及部分林带或片林建设，一般以速生杨树为主，辅以柳树、银杏等树种，并通过间伐保证合理密度和林木覆盖率，这样便逐步形成了与农田生态系统相配套的林网体系。主要技术包括树木栽培技术、网格布设技术。配套技术包括病虫害防治技术、间伐技术等。

典型地区：黄淮海地区的农田林网。

（3）"林果—畜禽"复合生态模式及配套技术。该模式是在林地或果园内放养各种经济动物，放养动物等，以野生取食为主，辅以必要的人工饲养，生产较集约化养殖更为优质、安全的多种畜禽产品，接近有机食品。主要有"林—鱼—鸭""胶林养牛（鸡）""山林养鸡""果园养鸡（兔）"等典型模式。

主要技术：包括林果种植和动物养殖以及种养搭配比例等。

配套技术：包括饲料配方技术、疫病防治技术、草生栽培技术和地力培肥技术等。

典型地区：湖北的林—鱼—鸭模式、海南的胶林养鸡和养牛。

（八）草地生态恢复与持续利用模式及配套技术

1. 基本概念

草地生态恢复与持续利用模式是遵循植被分布的自然规律，按照草地生态系统物质循环和能量流动的基本原理，运用现代草地管理、保护和利用技术，在牧区实施减牧还草，在农牧交错带实施退耕还草，在南方草山草坡区实施种草养畜，在潜在沙漠化地区实施以草为主的综合治理，以恢复草地植被，提高草地生产力，遏制沙漠东进，改善生存、生活、生态和生产环境，增加农牧民收入，使草地畜牧业得到可持续发展。

2. 主要形式

（1）牧区减牧还草模式。针对我国牧区草原退化、沙化严重，草畜矛盾尖锐，直接威胁着牧区和东部广大农区的生态和生产安全的现状，通过减牧还草，恢复草原植被，使草原生态系统重新进入良性循环，实现牧区的草畜平衡和草地畜牧业的可持续发展，使草原真正成为保护我国东部生态环境，防止沙化的有力屏障。

配套技术：①饲草料基地建设技术。水源充足的地区建立优质高产饲料基地，无水源条件的地区选择条件便利的旱地建立饲料基地，满足家畜对草料的需求，减轻家畜对天然草地的放牧压力，为家畜越冬贮备草料；②草地围封补播植被恢复技术。草地围封后禁牧2~3年或更长时间，使草地植被自然恢复，或补播抗寒、抗旱、竞争性强的牧草，加速植被的恢复；③半舍饲、舍饲养技术。牧草禁牧期、休牧期进行草料的贮备与搭配，满足家畜生长和生产对养分的需求；④季节畜牧业生产技术。引进国内外优良品种对当地饲养的家畜进行改良，生长季划区轮牧和快速肥育结合，改善生产和生长性能；⑤再生能源利用技术。应用小型风力发电机、太阳能装置和暖棚，满足牧民生活、生产用能，减缓冬季家畜掉膘，减少对草原薪柴的砍伐，提高牧民的生活质量。

（2）农牧交错带退耕还草模式。在农牧交错带有计划地退耕还草，发展草食家畜，增加畜牧的比例，实现农牧耦合，恢复生态环境，遏制土地沙漠化，增加农民的收入。

配套技术：①草田轮作技术。牧草地和作物田以一定比例播种种植，2~3年后倒茬轮作，改善土壤肥力，增加作物产量和牧草产量；②家畜异地肥育技术。购买牧区的架子羊、架子牛利用农牧交错带饲料资源和秸秆的优势，进行集中肥育，进入市场；③优质高产人工草地的建植利用技术。选择优质高产牧草建立人工草地用于牧草生产或肥育幼畜放牧，解决异地肥育家畜对草料的需求；④再生能源利用技术。在风能、太阳能利用的基础上增加沼气的利用。

（3）南方山区种草养畜模式。我国南方广大山区1000米海拔以上地区，水热条件好，适于建植人工草地，饲养牛羊，具有发展新西兰型高效草地畜牧业的潜力。利用现代草建植技术建立"白三叶＋多年生黑麦草"人工草地，选择适宜的载畜量，对草地进行合理的放牧利用，使草地得以持续利用，草地畜牧业的效益大幅度提高。

配套技术：①人工草地划区轮牧技术。白三叶＋多年生黑麦草人工草地在载畜量偏高或偏低的情况下均出现草地退化，优良牧草逐渐消失，适宜载畜量并实施划区轮牧计划可保持优良牧草比例的稳定，使草地得以持续利用；②草地植被改良技术。南方草山原生植被营养价值不适于家畜利用，首先采取对天然草地植被重牧，之后施入磷肥，对草地进行轻耙，将所选牧草种子播种于草地中，可明显提高播种牧草的出苗率和成活率；③家畜宿营法放牧技术。将家畜夜间留宿在放牧围栏内，以控制杂草、控制虫害、调控草地的养分循环，维持优良牧草比例；④家畜品种引进和改良技术。通过引进优良家畜品种典型案例对当地家畜进行改良，利用杂种优势提高农畜的生产性能，提高草畜牧业生产效率。

（4）沙漠化土地综合防治模式。干旱、半干旱地区因开垦和过度放牧使沙漠化土地面积不断增加，以每年2 000平方米速率发展，严重威胁着当地人民的生活和生产安全。根据荒漠化土地退化的阶段性和特征，综合运用生物、工程和农艺技术措施，遏制土地荒漠化，改善土壤理化性质，恢复土壤肥力和草地植被。

配套技术：①少耕免耕覆盖技术。潜在沙漠化地区的农耕地实施高留茬少耕、免耕或改秋耕为春耕，或增加种植冬季形成覆盖的越冬性作物或牧草,降低冬季对土壤的风蚀;②乔灌围网,牧草填格技术。土地沙漠化农耕或草原地区采取乔木或灌木围成林(灌)网,在网格中种植多年生牧草,增加地面覆盖。特别干旱的地区采取与主风向垂直的灌草隔带种植;③禁牧休耕、休牧措施。具潜在沙漠化的草原或耕地采取围封禁牧休耕,或每年休牧 3~4 个月,恢复天然植被;④再生能源利用技术。风能、太阳能和沼气利用。

(5) 牧草产业化开发模式。在农区及农牧交错区发展以草产品为主的牧草产业,种植优良牧草实现草田轮作,增加土壤肥力,开发中低产田,减少化肥造成的环境污染,同时有利于奶业和肉牛、肉羊业的发展。运用优良牧草品种、高栽培技术、优质草产品收获加工技术,以企业为龙头带动农民进行牧草的产业化生产。

配套技术:①高蛋白牧草种植管理技术。以苜蓿为主的高蛋白牧草的水肥平衡管理,病虫杂草的防除;②优质草产品的收获加工技术。采用先进的切割压扁、红外监测适时打捆、烘干等手段,减少牧草蛋白的损失,生产优质牧草产品;③产业化经营。以企业为龙头,实行"基地+农户"的规模化、机械化、商品化生产。

(九)丘陵山区小流域综合治理利用型生态农业模式及配套技术

我国丘陵山区约占国土 70%,这类区域的共同特点是地貌变化大、生态系统类型复杂、自然物产种类丰富,其生态资源优势使得这类区域特别适于发展农林、农牧或林牧综合性特色生态农业。

1. 主要形式

(1) "围山转"生态农业模式与配套技术。依据山体高度不同因地制宜布置等高环形种植带,农民形象地总结为"山上松槐戴帽,山坡果林缠腰,山下瓜果梨桃"。这种模式合理地把退耕还林还草、水土流失治理与坡地利用结合起来,恢复和建设了山区生态环境,发展了当地农村经济。等高环形种植带作物种类的选择因纬度和海拔高度而异,关键是作物必须适应当地条件,并且具有较好的水土保持能力。例如,在半干旱区,选择耐旱力强的沙棘、柠条、仁用杏等经济作物建立水土保持作物条带等。另外,要注意在环形条带间穿播布置不同收获期的作物类型,以便使坡地终年保存可阻拦水土流失的覆盖作物等高条带。建设坚固的地埂和地埂植物篱,也是强化水土保持的常用措施。云南哈尼族梯田历数千年不衰也证实了生态型梯地利用的可持续性。

配套技术:等高种植带园田建设技术;适应性作物类型选择技术;地埂和植物篱建设工程技术;多种作物类型选择配套和种植、加工技术等。

(2)生态经济沟模式与配套技术。该模式是在小流域综合治理中通过荒地拍卖、承包形式建立起来的一类治理与利用结合的综合型生态农业模式。小流域既有山坡也有沟壑,水土流失和植被破坏是突出的生态问题。按生态农业原理,实行流域整体综合规划,从水土治理工程措施入手,突出植被恢复建设,依据沟、坡的不同特性,发展多元化复合型农业经济,在平缓的沟地建设基本农田,发展大田和园林种植业,在山坡地实施水土保持的植被恢复措施,因地制宜地发展水土保持林、用材林、牧草饲料和经济林果种植(等高种植),综合发展林果、养殖、山区土特产和副业(如编织)等多元经济。目前主要是通过两种途径来发展该模式,一是依靠政府综合规划和技术服务的帮助,带动多个农户业主共同建设;另一个是单一或几家业主联合承包来建设,后一途径的条件是业主必须具有一定的基建投资能力和综合发展多元经济的管理、技术能力。

配套技术:水土流失综合治理规划技术;水土流失治理工程技术;等高种植和梯田建设技术;地埂植物篱技术;保护性耕作技术;适应植物选择和种植技术;土特产种养和加工技术;多元经济经营管理技术等。

(3)西北地区"牧—沼—粮—草—果"五配套模式与配套技术。该模式主要适应西北高原丘陵农牧结合地带,以丰富的太阳能为基本能源,以沼气工程为纽带,以农带牧、以牧促沼、以沼促粮、草、果种植业,形成生态系统和产业链合理循环的体系。

配套技术:阳光圈舍技术;沼气工程技术;沼渣、沼液利用技术;水窖贮水和节水技术;粮草果菜种植技术;畜禽养殖技术;农畜产品简易加工技术等。

(4) 生态果园模式及配套技术。生态果园模式也适应于平原果区,但在丘陵山地区应用最广泛。该模式基本构成包括:标准果园(不同种类的果类作物)、果林间种牧草或其他豆科作物,林内有的结合放养林蛙,果园内有的建猪圈、鸡舍和沼气池,有的还在果树下放养土鸡以帮助除虫。生态果园比传统果园的生态系统构成单元多,系统稳定性强、产出率高,病虫害少和劳动力利用率高。

配套技术:生物防治技术;生物间协作互利原理应用技术;果、草(豆科作物)种植技术;草地鸡放养技术;沼气工程和沼气(渣、液)合理利用技术等。

(十) 设施生态农业模式及配套技术

1. 基本概念

设施生态农业及配套技术是在设施工程的基础上通过以有机肥料全部或部分替代化学肥料(无机营养液)、以生物防治和物理防治措施为主要手段进行病虫害防治、以动、植物的共生互补良性循环等技术构成的新型高效生态农业模式。

2. 典型模式与技术

(1) 设施清洁栽培模式及配套技术。①设施生态型土壤栽培。通过采用有机肥料(固态肥、腐熟肥、沼液等)全部或部分替代化学肥料,同时采用膜下滴灌技术,使作物整个生长过程中化学肥料和水资源能得到有效控制,实现土壤生态的可恢复性生产;②有机生态型无土栽培。通过采用有机固态肥(有机营养液)全部或部分替代化学肥料,采用作物秸秆、玉米芯、花生壳、废菇渣以及炉渣、粗砂等作为无土栽培基质取代草炭、蛭石、珍珠岩和岩棉等，同时采用滴灌技术，实现农产品的无害化生产和资源的可持续利用；③生态环保型设施病虫害综合防治模式。通过以天敌昆虫为基础的生物防治手段以及一批新型低毒、无毒农药的开发应用，减少农药的残留；通过环境调节、防虫网、银灰膜避虫和黄板诱虫、等离子体技术等物理手段的应用，减少农药用量，使蔬菜品种品质明显提高。

技术组成：①设施生态型土壤栽培技术。主要包括有机肥料生产加工技术，设施环境下有机肥料施用技术，膜下滴灌技术，栽培管理技术等；②有机生态型无土栽培技术。主要包括有机固态肥（有机营养液）的生产加工技术，有机无土栽培基质的配制与消毒技术，滴灌技术，有机营养液的配制与综合控制技术，栽培管理技术等；③以昆虫天敌为基础的生物防治技术；④以物理防治为基础的生态防病、土壤及环境物理灭菌，叶面微生态调控防病等生态控病技术体系等。

（2）设施种养相结合的生态模式及配套技术。通过温室工程将蔬菜种植、畜禽（鱼）养殖有机地组合在一起而形成的质能互补、良性循环型生态系统。

推广地区：这类温室已在中国辽宁、黑龙江、山东、河北和宁夏等省、自治区得到较大面积的推广。

主要形式：①温室"畜—菜"共生互补生态农业模式。主要利用畜禽呼吸释放出的二氧化碳，供给蔬菜作为气体肥料，畜禽粪便经过处理后作为蔬菜栽培的有机肥料来源，同时蔬菜在同化过程中产生的氧气等有益气体供给畜禽来改善养殖生态环境，实现共生互补；②温室"鱼—菜"共生互补生态农业模式。利用鱼的营养水体作为蔬菜的部分肥源，同时利用蔬菜的根系净化功能为鱼池水体进行清洁净化。

技术组成：①温室"畜—菜"共生互补生态农业模式。主要包括"畜—菜"共生温室的结构设计与配套技术，畜禽饲养管理技术，蔬菜栽培技术,"畜—菜"共生互补合理搭配的工程配套技术,温室内氨气、硫化氢等有害气体的调节控制技术;②温室"鱼菜"共生互补生态农业模式。主要包括"鱼—菜"共生温室的结构与配套技术,温室水产养殖管理技术,蔬菜栽培技术,"鱼—菜"共生互补合理搭配的工程配套技术,水体净化技术。

(3) 设施立体生态栽培模式及配套技术。①温室"果—菜"立体生态栽培模式。利用温室果树的休眠期、未挂果期地面空间的空闲阶段,选择适宜的蔬菜品种进行间作套种;②温室"菇—菜"立体生态培养模式。通过在温室过道、行间距空隙地带放置食用菌菌棒,进行"菇—菜"立体生态栽培,食用菌产生的二氧化碳可作为蔬菜的气体肥源,温室高温高湿环境又有利于食用菌生长;③温室"菜—菜"立体生态栽培模式。利用藤式蔬菜与叶菜类蔬菜空间上的差异,进行立体栽培,夏天还可利用藤式蔬菜为喜阴蔬菜遮阳,互为利用。

技术组成:①设施工程技术:包括温室的选型,结构设计,配套技术的应用,立体栽培设施的工程配套等;②脱毒抗病设施栽培品种的选用;③"果—菜""菇—菜""菜—菜"品种的选用与搭配;④立体栽培设施的水肥管理技术;⑤病虫害综防植保技术。

第八节 连锁经营模式

一、连锁经营的概述

连锁经营是一种商业组织形式和经营制度,是指经营同类商品或服务的若干个企业,以一定的形式组成一个联合体,在整体规划下进行专业化分工,并在分工基础上实施集中化管理,把独立的经营活动组合成整体的规模经营,从而实现规模效益。它是一种常用的商业经营模式。连锁经营包括 3 种形式,直营连锁、特许经营和自由连锁。

直营连锁指总公司直接经营的连锁店,即由公司总部直接经营、投资、管理各个零售点的经营形态。总部采取纵深式的管理方式,直接下令掌管所有的零售点,零售点也必须完全接受总部指挥。直接连锁的主要任务在"渠道经营",意思指透过经营渠道的拓展从消费者手中获取利润。因此直营连锁实际上是一种"管理产业"。这是大型垄断商业资本通过吞并、兼并或独资、控股等途径,发展壮大自身实力和规模的一种形式。

特许加盟 FC(Franchise Chain)即由拥有技术和管理经验的总部,指导传授加盟店各项经营的技术经验,并收取一定比例的权利金及指导费,此种契约关系即为特许加盟。特许加盟总部必须拥有一套完整有效运作技术优势,从而转移指导,让加盟店能很快地运作,同时从中获取利益,加盟网络才能日益壮大。因此,经营技术如何传承,则是特许经营的关键所在。

自由连锁经营是由不同资本的多数商店自发组织成总部,实行共同进货、配送的连锁经营形式。

二、连锁经营的特征

(1)连锁经营是一种授权人与被授权人之间的合同关系,也就是说,授权人与被授权人的关系是依赖于双方合同而存在和维系的。

(2)连锁经营中授权人与被授权人之间不存在有形资产关系,而是相互独立的法律主体,由各自独立承担对外的法律责任。

(3)授权人对双方合同涉及的授权事项拥有所有权及(或)专用权,而被授权人通过合同获得使用权(或利用权)及基于该使用权的收益权。

(4)连锁经营中的授权是指包括知识产权在内的无形资产使用权(或利用),而非有形资产或其使用权。

(5)被授权人有根据双方合同向授权人交纳费用的义务。

（6）被授权人应维护授权人在合同中所要求的统一性。

三、连锁经营模式的优点

（1）授权人只以品牌、经营管理经验等投入，便可达到规模经营的目的，不仅能在短期内得到回报，而且使无形资产迅速提升。

（2）被授权人由于购买的是已获成功的运营系统，可以省去自创业不得不经历的一条"学习曲线"，包括选择盈利点、开市场等必要的摸索过程，降低了经营风险。

（3）被授权人可以拥有自己的公司，掌握自己的收支。被授权人的经营启动成本低于其他经营方式，因此可在较短的时间内收回投入并盈利。被授权人可以在选址、设计、员工培训、市场等方面，得到经验丰富的授权人的帮助和支持，使其运营迅速走向良性循环。

（4）授权人与被授权人之间不是一种竞争关系，有利于共同扩大市场份额。

连锁经营这一经营模式的实质，是企业运用无形资产进行资本运营，实现低风险资本扩张和规模经营的有效方法和途径。这也是连锁经营能得以迅速发展的根本原因所在。

第三章 农民创业致富的行业

第一节 种植业

种植业是栽培各种农作物以及取得植物性产品的农业生产部门，种植业是农业的主要组成部分之一。利用植物的生活机能，通过人工培育以取得粮食、副食品、饲料和工业原料的社会生产部门。包括各种农作物、林木、果树、药用和观赏等植物的栽培，有粮食作物、经济作物、蔬菜作物、绿肥作物、饲料作物、牧草、花卉等园艺作物。在中国通常指粮、棉、油、糖、麻、丝、烟、茶、果、药、杂等作物的生产。也指狭义的农业，也称农作物栽培业。通常指栽培农作物以取得植物性产品的农业生产部门。在中国，种植业同林业、畜牧业、副业和渔业合在一起，为广义的农业。在国外，种植业一般同畜牧业合在一起，统称为农业。

一、种植业分类

种植业是由多种作物种植组成的综合体，按其产品特点可分为粮食作物、经济作物、蔬菜作物、饲料作物和绿肥作物等类作物的种植。其中每一类作物又包括若干个具体小类。在中国，种植业通常包括粮、棉、油、麻、丝、茶、糖、菜、烟、果、药、杂等。这些作物之间，存在着互相制约、互相依存的关系，但是，他们各自在种植业中和在整个农业中所占的地位，并不完全相同。其中，粮食生产是种植业和整个农业的基础，因为其不仅是人类必需的生存资料，作为饲料，也为畜牧业的发展提供了基础。人们对种植业产品的需要是多方面的，随着生产发展和收入增加，人们对粮食以外的种植业产品需求大幅度提高，然而，其他作物种植也很重要，并且，他们的生产在一定条件下，可以促进粮食生产发展，有利于充分利用各种资源。

二、选择种植业创新创业的特点

种植业有其自身的特点，选择种植业创新创业，要了解这些特点，并熟练运用。种植业的主要特点是：以土地为基本生产资料，利用农作物的生物机能将太阳能转化为化学潜能和农产品。就其本质来说，种植业是以土地为重要生产资料，利用绿色植物，通过光合作用把自然界中的二氧化碳、水和矿物质合成有机物质，同时，把太阳能转化为化学能贮藏在有机物质中。它是一切以植物产品为食品的物质来源，也是人类生命活动的物质基础。种植业是大农业的重要基础，不仅是人类赖以生存的食物与生活资料的主要来源，还为轻纺工业、食品工业提供原料，为畜牧业和渔业提供饲料。同时，种植业的分布和发展对国民经济各部门有直接影响。

中国种植业历史悠久，中国农业中种植业的比重较大，其产值一般占农业总产值的50%以上，它的稳定发展，特别是其中粮食作物生产的发展对畜牧业、工业的发展和人民生活水平的提高，对中国国民经济的发展和人民生活的改善均有重要意义。

（一）作物种类多

我国幅员辽阔，地形复杂，生态环境多样，因此，我国种植的农作物种类很多，品种资源十分丰富，世界上95%的被子植物，在我国均有种植。我国种植农作物主要包括粮食作物、经济作物、工业原料作物、饲料作物、药用作物等。粮食作物以水稻、小麦、豆类、薯类、青稞为主；经济作物以油籽、蔓青、大芥、胡麻、大麻、向日葵等为主；蔬菜作物主要有萝卜、白菜、芹菜、韭菜、蒜、葱、辣椒、黄瓜、番茄、胡萝卜、莲花菜、菊芋、刀豆、芫荽、莴笋、黄花等；果类有梨、苹果、桃、杏、核桃、李子、樱桃、草莓等，野生果类有酸梨、野杏、毛桃、苞瑙、山樱桃、沙棘等。饲料作物如玉米、紫云英等。嗜好作物如烟草、咖啡，药用作物如人参、当归、金银花等。

（二）土地资源短缺

我国耕地面积18亿亩，在世界排第4位，仅次于美国、俄罗斯和印度。但是，因为我国人口多，平均到每个人拥有耕地才只有1.39亩，还不到世界人均耕地的一半，在世界排第126位以后。而加拿大人均耕地面积是我国的18倍，印度是我国的20倍。土地是农作物生长发育的基础，受我国耕地面积限制，耕地必须集约化使用，精耕细作，这也成为我国种植业优良的传统特点。在创业时，要注意合理使用土地，最大限度地发挥土地的作用。

（三）种植业有明显的地域性

植物生长有明显的地域性，要遵循农作物生长规律和特点，因地制宜进行种植业创业：一是把握好某种种植业的区位条件，包括自然条件和社会经济条件；二是要把握在这样的自然条件和社会经济条件下形成的该类种植业的特点；三是还要分析国外类似地区发展种植业的经验。

（四）种植业有明显的周期性

种植业受自然因素影响，呈现一定的周期性和季节性。有的农作物可以一年一熟，也有的农作物可以一年两熟或三熟。有的农作物必须在春季播种，有的农作物在四季均可播种。种植业的创新创业必须遵循和合理利用这些规律。

（五）种植业受自然条件约束较大

种植业是依靠地域自然条件从事农业生产的，因此，受到气候、地形、土壤、水分等多种自然因素影响，比如，温度、湿度、日照、土质、降雨等,其中有些因素是可预测的,或是相对稳定的,如季节、日照时间、气温等,有些是不可预测或是突发的,比如冰雹、狂风、暴雨、干旱、山洪等,这些因素有一定的不可控性,往往会给种植业带来较大的损失。民间有"天种庄稼人做梦"的说法,就是指自然环境的不可控性。

三、种植业创新创业项目的推荐

下面推荐几个目前较为流行的种植业项目,仅供创业者参考,项目具体运营情况会因地域、时期、消费群体不同而不同,请认真考察和测算后再确定是否实施。

(一)野菜种植

寻找一块城乡结合处土地,投资种植芦笋、芦蒿、马兰、荠菜等绿色食品,投资小,见效快,市场广,技术含量低,便于掌握。且适应城市消费需要,符合国家菜篮子工程。

(二)特种玉米

特种玉米是具有较高经济、特色种植营养和加工价值的专用玉米品种,如鲜食玉米、药用玉米、观赏玉米等都属于特用玉米。通过深加工,特色种植特用玉米的终端产品可实现较大幅度的增值,种植效益高。因此有"增值玉米"之美称。

至今世界上对特用玉米的培育、特色种植历史已有100多年,其中美国处于全球领先水平。近年来随着粮农增收要求的提高,特色种植以及玉米功用专门化的加强,种植特用玉米今后也是中国玉米产业发展的必然趋势。为此,近年来中国农业、特色种植科研等部门均对特用玉米种植业给予了较大支持。部分领域已接近和达到世界先进水平,产业已经初具规模。抢占自己的地盘,投资大小丰俭由人,回报可观。

(三) 啤酒大麦

我国现在是世界啤酒生产第一大国,每年生产啤酒所需的大麦量在 300 万吨左右。由于国产啤酒大麦的品质不高,有 20% 左右还需要进口,这就为国内啤酒大麦种植市场提供了巨大空间。目前,甘肃地区农户种植啤酒大麦共约 220 万亩,年产量达 90 万吨。目前,该品种和种植模式已被推广到新疆、内蒙古、青海等地。

(四) 种植有机米

有机米只是一个概念,实质是无污染,无化肥,环保安全的 100% 好米。虽然尚谷农业的寒土地有机米拥有 29 项有机转换产品认证,但是,控制有机米产出的核心却在于一站式负责,从负责粮食产地的农民绑定最后销售的每一袋米,每一袋米上都会标注所有流程的负责人,一旦发现非真正有机米,立刻可以追溯责任,所以寒土地的有机米,不光有资质认证,更有一整条的责任价值体系。当今中国消费层次不断提高,需求也更偏向于绿色健康的产品,米每个人都要吃,但是,是不是安全对于一些高端人群就非常重要。他们宁愿购买价格较高的有机米,也不会选择价格低廉的普通米。而且最近送米也成为一种非常独特的时尚潮流,而有机米就是最好也最有价值的礼物。

(五) 种植蛇豆

远处看像蛇,走近看更像丝瓜,这种被称为"蛇豆"的是特种农产品,它兼有食用性与观赏性。项目特色蛇豆株高 1.7~2 米,生长势、分枝性强,花为白色。蛇豆长 1.3~1.7 米,长柱形,两端渐尖细,尾端常弯曲成蛇状,表皮浅绿色,肉鲜绿色,肉质松软。该品种整个生育期较少病虫的为害,是目前较为理想的绿色植物,市场前景看好。蛇豆由于其种皮厚,播种前应将种子晾晒 1~2 天,然后用 55℃ 的热水烫种 3 分钟,烫种时要不断搅拌,至水温下降后换清水浸种 2~3 天,其间要擦洗去种皮上的黏质物,并换清洁水再浸种,待种子略软时用纱布包裹保湿,置于30℃恒温箱或暖炕边催芽后播种。

第二节 养殖业

养殖业是利用畜禽等已经被人类驯化的动物,或者鹿、麝、狐、貂、水獭、鹌鹑等野生动物的生理机能,通过人工饲养、繁殖,使其将牧草和饲料等植物能转变为动物能,以取得肉、蛋、奶、羊毛、山羊绒、皮张、蚕丝和药材等畜产品,是农业的主要组成部分之一,与种植业并列为农业生产的两大支柱。

一、概述

养殖业在经济发展的早期阶段,常常表现为农作物生产的副业,即所谓"后院养殖业"。随着经济的发展,逐渐在某些部门发展成为相对独立的产业,例如奶牛业、肉牛业、蛋鸡业、肉鸡业、养猪业等。

二、养殖业创新创业的特点

养殖业有放牧、圈养或者二者结合等方式,主要包括牲畜饲牧、家禽饲养、经济兽类驯养等。养殖业的主要特点如下。

(1) 它的扩大再生产同各类畜禽内部的公畜、母畜、仔畜、幼畜的比例有十分密切关系。因此,保持合理的畜群结构,对加快养殖业的发展十分重要。

(2) 饲料是养殖业的基础,只有不断解决好饲料问题,才能加快养殖业发展。

(3) 养殖业的商品性很高,而产品又不便于运输而且易于腐坏。因此,要求收购、加工、贮藏、运输等方面密切地配合。

(4) 养殖业对于自然条件和经济条件有较大的适应性,既可以放牧,又可以舍饲。

由于存在这些特点和要求,因此,发展养殖业必须根据各地的自然经济条件,因地制宜,发挥优势。

三、养殖业创新创业项目推荐

下面推荐几个目前较为流行的养殖业项目,仅供创业者参考,项目具体运营情况会因地域、时期、消费群体不同而不同,请认真考察和测算后再确定是否实施。

(一)特种野猪养殖

经杂交、驯化、改良后的特种野猪,基因稳定,既保持了野猪瘦肉率高(为85%,是家猪的两倍)、抗病力强、适应性广、食性杂、耐粗饲等优势,又克服了野猪季节性发情,产仔少、生长慢、不易饲养及家猪疾病多等缺点,是目前新兴热门的特养品种之一。目前,野猪生产已实现商品化,市场十分紧俏,毛重批发价高达28~45元/千克,即使是普通乡镇每千克也达20元,广州、香港、上海、北京、深圳等各大城市更是乐观。目前,国内养殖数量极少,野猪作为家猪的换代品种,市场极为广阔。

(二)野兔养殖

野兔以其清香、美味、绿色食品而深受消费者青睐,现60~70元/只仍供不应求,且国内的饲养量极少,远远无法满足市场需求,自2012年以来,市场每千克野兔价格一直保持在26元左右,且常常有价无货。尤其是我国已加入世贸组织,销售渠道增多,兔肉将成为对外出口的主打畜产品之一,其市场前景十分看好,而且主食青草,成本极低,成为城乡人们投资的新热点。

(三)白山鸡养殖

白山鸡体重1.1~1.6千克,羽毛洁白,年产蛋量120枚左右,可规模化养殖。当前市销价很高,24~30元/千克。困难之处在于寻种源，发展白山鸡养殖，预计能获得丰厚利润。

（四）蓝孔雀养殖

是一种肉质鲜美的高档美味佳肴，得到了国内外嘉宾的极力赞赏和好评。目前，市场每千克孔雀肉售价150～200元，而且具有极高的观赏价值，制作的孔雀标本国内每架售价5 000元以上，出口价更高达1万元以上。目前，国内孔雀养殖企业不多，产业化开发前景广阔。

（五）绿壳蛋鸡养殖

特征为"五黑一绿"，即黑毛、黑皮、黑肉、黑骨、黑内脏，极具滋补价值，更为奇特的是所产蛋为绿色、蛋白浓厚、蛋黄呈橘红色，含有大量的卵磷脂、维生素及微量元素等，为世界罕见珍禽。目前绿壳蛋市场售价每枚2元左右，商品鸡40～60元/只，现国内存栏极少，正是抢先发展的好时机。

（六）山鸡养殖

我国人工驯养山鸡始于20世纪70年代后期，是目前开发最成功的著名特禽。自2005年冬季以来，山鸡市场价格持续升温，商品销价达20～35元/千克。特别是用山鸡剥制的动物标本是高级工艺装饰品，每架售价280元以上。专家认为，目前广东、上海商品山鸡每年需求4 400万只，而仅能供应200多万只，今后几年内将供不应求。

第三节　服务业（农业观光、生态园）

一、概述

农业观光园是现代农业发展的一种新思路，属于农业生产的一种创新。它既是现代园林发展应用的一种特殊形式，也是观光农业的一种形式。它的显著特点是以金融资本为基础，以科技为先导，以市场为导向，以高效为目的，重点突出参与性、观赏性和娱乐性，充分体现了农游的合一性，农业观光园是一种崭新的园林类型。农业观光园是以农业资源为核心依托，以旅游功能为核心展示，借助科技、相关辅助设施等进行创新性的规划、设计，从而形成的集聚科技示范、旅游观光、科普教育以及休闲娱乐功能为一体的综合型园区。

二、农业观光园类型

农业观光园的类型划分尚无统一标准，各地大都是结合各自的主营项目和地方特色来划分和命名的。在百度百科里，根据农业观光园的应用特点将其分为3类：观光农园、农业公园和教育农园。

(一) 观光农园

以生产农作物、园艺作物、花卉、茶等为主营项目，让游人参与生产、管理及收获等活动，并可欣赏、品尝、购买的园区为观光农园。它又可细分为观光果园、观光菜园、观光花园（圃）、观光茶园等。如北京的朝来农艺园、河南省濮阳市的世锦花木公司等。

(二) 农业公园

农业生产、农产品销售、旅游、休闲娱乐和园林结合起来的园区称为农业公园。这类园在休闲、旅游、度假、食宿、购物（农产品）、会议、娱乐设施等方面比较完善，注重了人文资源和历史资源的开发，是一种综合性的农业观光园。如湖北省宜昌市的旅游型景观农业区、四川省的九寨沟、浙江省义乌市的农业现代化示范区、河南省濮阳市的中原绿色庄园等。

(三) 教育农园

兼顾农业生产、农业科普教育，又兼顾园林和旅游的园区可称为教育农园。其园内的植物类别、先进性、代表性及形态特征和造型特点等不仅能给游园者以科技、科普知识教育,而且能展示科学技术就是生产力的实景;既能获得一定的经济效益,又能陶冶人们的性情,丰富人们的业余文化生活,从而达到娱乐身心的目的。如深圳市的世界农业博览园、上海市孙桥的现代农业开发区、河南省郑州市陈寨村的特色植物展示园等。

三、农业观光园地被植物设计的要点

(一)选择乡土地被的植物

农业观光园景观以富有当地自然特征为特色,表现着自然和谐和轻松舒展。游人需要的是本土、原生态,而不是异域风情的嫁接。乡土地被植物表现着极强的适应性,传递着富有地方特色花开花落的景观信息,揭示着当地进行集会、踏青、访友等多样民俗活动的根源。因此,选择当地喜闻乐见的低矮植物是必需的,这些植物的种植既能把游憩区与农业生产区分开,又不影响游人活动。但不能应用带刺、有毒以及大型藤蔓类植物等。

(二)创造亲切宜人的氛围

要为农业生产区添加服务功能,必须了解服务对象的需求。城市居民休闲度假的内容一般有下列几种:生产体验、园艺疗、农家餐饮、休闲漫步。其共同点是松散的小组合,时间性不强的漫游和个性化的参与。直接需求是大农景观背景下的宜人小空间。因此,宜人空间的创造是农业观光园景观建设的切入点。利用地被植物在大农田景观中创造小尺度的宜人空间,也是一种特色强、投资小、见效快的造景方法。

(三)适应粗放管理的条件

农业园管理的目的是收获初级的农产品;管理的主要内容是收获对象的播种、成苗、整形、中耕、病虫害防治以及最终的采收;管理的手段逐步实施机械化。观光性收入只是一种副产品,至少在

建设初期是辅助的。因此，在景观方面的管理是粗放的。景观持续时间的长短受植物的占有能力影响，要求有较强的适应性和扩展性。因此，一定的自播力、根蘖萌生性、茎节匍匐分生力和成苗性是必要的。

(四) 调节基调植物景观的单一性

农田物种的集约经营和耕作斑块的重复都使得景观相对单一，应选择观赏期长、观赏部位多样、植株形体可塑性强的地被植物。根据遮阴度、湿度、风力、地形、土壤条件和管理措施的不同，表现出积极的生长反应。由于接近游人的地被植物景物的变化，反衬出不同的景观画面，这是"同中求异"造景手法的应用。

第四节 手工、餐饮业

本节主要介绍小本经营常见的项目，如竹编、石雕等手工业和餐饮服务业项目。

一、手工业项目

(一) 竹编手艺项目

竹编是我国传统的民间手工艺术，历史悠久，源远流长，早在新石器时期的良渚文化遗物中，就已经出现了竹编器具。它以竹子为原料，用竹条篾片编成各种生活用具和观赏陈设品。

1. 市场前景分析

在追求个性化的今天，手工制作工艺以其独特的艺术魅力、装饰性和实用性，已经在我们身边流行起来，像风一样渗透到我们生活的方方面面，带来巨大的市场。2008年8月1日，国家限制使用和禁止无偿提供塑料购物袋。此政策的出台也刺激了竹编手工艺的发展。

2. 经营条件分析

（1）竹编原料的获取。可以通过两个途径：一是在林业发展得较好的地方直接联系竹源。目前我国大力支持发展林业，竹源随之增多，竹编者也就有了更宽的选择面。二是从竹编原料厂购置原料。竹编的流行导致竹编原料的需求量加大，有需求就有市场，因此，竹编原料厂的数量不断扩大，竹编原料的购置也就变得极为方便。

（2）竹编工艺技术。可分为细丝和粗丝竹编，包括瓷胎竹编和无瓷胎竹编。

①细丝竹编技术。细丝竹编（瓷胎竹编）使用的竹材是经过严格挑选来自成都地区的特长无节慈竹，经过破竹、烤色、去节、分层、定色、刮平、划丝、抽匀等十几道工序，制作出精细的竹丝，全是手工操作。瓷胎竹编所用竹丝断面全为矩形，在厚薄粗细上都有严格要求，厚度仅为一两根头发丝厚，宽度也只有四五根发丝宽，根根竹丝都通过匀刀，达到厚薄均匀，粗细一致。瓷胎竹编在制作过程中全凭双手和一把刀进行手工编织，让根根竹丝依胎成形，紧贴瓷面，所有接头之处都做到藏而不露，宛如天然生成、浑然一体。

②粗丝竹编技术。粗丝竹编（无瓷胎竹编）是用竹条篾片编成生活用具和观赏陈设品。制作过程是先将竹子剖削成粗细均匀的篾丝，经过切丝、刮纹、打光和劈细等工序，编结成各种精巧的生活日用品。

瓷胎竹编产品技艺独特，以精细见长，具有"精选料、特细丝、紧贴胎、密藏头、五彩图"的技艺特色。无瓷胎竹编则是以实用为主，主要具有贴近生活、方便生产生活的特点。

（二）石雕手艺项目

石雕在我国历史悠久。在漫长的旧、新石器时代，石器加工是岭南原始先民谋生的手段。"中国四大石雕之乡"分别是：山东省嘉祥，福建省惠安，浙江省青田，河北省曲阳。

1. 市场前景分析

近年来,随着人们物质文化生活水平的不断提高和审美观念的不断改变,石雕制品的应用范围也在不断扩大。随着国内城市建设步伐的加快和房地产业的升温,用于公园广场建设的石雕产品供不应求,石雕又进入了另一个发展高峰期。

2. 经营条件分析

石雕的原料,即石材,具有坚实,耐风化的特点。因而广泛地应用于建筑构件和装饰上。石材主要是经过开采或者从石材公司购得。对于小本经营来说,通过开采获取石材显然是一种不切实际的做法。获取石材最好就是从石材公司购得。从南到北,依托当地人世代相传的石雕手艺在短时间里迅速崛起的石材加工和销售集散地也为数不少。

石雕制品种类繁多,其分类方法也很多,但其加工工序大致相同,一般有:石料选择—模型制作—坯料成型—制品成型—局部雕刻—抛光、清洗—制品组装—验收和包装。而加工这些石雕制品,其传统的手工加工技法有以下四种:

"捏",就是打坯样,也是创作设计过程。有的雕件打坯前先画草图,有的先捏泥坯或石膏模型。

"镂",就是根据线条图形挖掉内部无用的石料。

"剔",又称"摘",就是按图形剔去外部多余的石料。

"雕",就是最后进行仔细的琢剁,使雕件成型。

石雕具有坚实、耐风化的特点,可以用于石塔、石桥、石坊、石亭、石墓,以及建筑构件和装饰,所以它有很强的适用性。石雕表面造型方式多样,如浮雕、圆雕、沉雕,给人以不同的视觉冲击及立体感。

二、餐饮业项目

(一) 如何经营小面馆

1. 选人流量大的地段

对于面馆来说，要想将其经营好，选好地方很重要。如果把面馆开在背街小巷，远离城市或人员稀少的地方，那是肯定不会挣到什么钱的，只会越做越亏本；但是，如果把面馆开在城市的中心区域和核心要道旁，虽然人流量较大，但是在这些地方开面馆，租金也比较昂贵。对于一些才创业不久的人员来说，昂贵的租金的确是对他们的一个很大的压力。同时，如果经营的品种单一，或者和其他面馆所做的食品雷同，那么想在这个黄金宝地多挣些钱，也不大现实。

在面馆的地点选择上，想创业的朋友，要注意以下几点，做到冷静选地点、理智选地点、综合比较选地点。

要在对自己面馆正确定位的基础上选择地点。开办小面馆，主要就是为了方便群众就近快速吃面。但不同的人群对面的选择也不尽相同。这就要看创业的人所开办的面馆主要是针对什么群体的人。一般来说，比较高端的面馆开在商业区或城区人流量大的位置比较好，因为这类面馆服务的人以商务人士或白领阶层为主，这些人讲究的是快节奏的生活和工作方式，他们比较倾向于选择离单位或家近的面馆就餐；对于城市居民而言，服务他们的面馆，一般选在居住区周边或居住区到主干道的中间比较好，因为这类面馆的顾客属于固定与分散相结合，既有老顾客，也会有临时前来就餐的路人，这些人到面馆吃面，主要原因是不想在家忙碌，或者家里停电停水，或者嫌自己做太麻烦，所以才在外就餐。

小区开面馆也是很有讲究的。

把面馆开在居民小区也要注意，并不是在居民小区开面馆越多越好,如果在一个贫困人口较多的小区开设面馆,不仅不会有什么生意,反而会导致亏本;如果在工薪阶层居多的小区开面馆,生意也会受到影响,因为工薪阶层一般比较节约,是不会轻易和经常在外就餐的。所以,如果要把面馆开到居民小区,就要选择那种收入水平中等偏上,工作比较繁忙,经常在外就餐的人员所居住的小区。如果面馆的主要服务对象是农民工,那么,把面馆开设在农民工居住区旁边或他们的工作地点周围,一般步行10分钟距离以内的地方,都是可以的。需要说明的是,作为小本经营,面馆的选择地点也不要太追求中心化和城市化,因为越是地理位置优越的地方,租金越贵。而这些对于小本经营者而言,是个不小的负担。

2. 品种多,现做为主

经营小面馆,需要在自己菜品的数量和种类上多下功夫。要为不同的群体设计不同品种的面食。在面条的选择上,做到干面、水面、细面、粗面的结合;在原料上,做到荤素搭配,在荤素原料的选择上,也要注意多样化和巧妙搭配;在口味的选择上,要注意清淡、麻辣的有机统一;在面食的制作方法上,可以做到清汤、红汤、干拌、凉拌等烹饪方法的结合使用。总之,在品种的选择上,要尽可能地考虑到不同人群的不同需求,在口味、原料、烹饪方法上进行必要的创新和发展,使自己面馆的面食对更多的顾客能有吸引力,这样才能在方便群众的同时,给自己增加利润。

经营面馆,另一个需要注意的就是,面食要尽可能地采取现场加工的方式进行。现场加工,一方面可以保证顾客吃到"刚出锅"的面条,让顾客吃得放心,吃得安心。另一方面,也可以为面馆经营者节约必要的成本,减少不必要的开支。面食有个特点,就是要"趁热吃",如果放的时间过久,面食冷了,不仅口感不好,而且也会变得不新鲜。同时,如果过早地把面食做好,而恰好遇到顾客不喜欢那种口味,对面食经营者而言,就损失了部分的材料和加工成本,这对任何一个经营者而言,都是不划算的。

3. 要有自己的"招牌"

开面馆同开其他餐馆一样，需要讲究"招牌菜"效应。一个面馆，如果能制作出一些有特色的面食，作为其"招牌面"或"主打面"，那是很不错的。很多餐馆就是凭借"招牌菜"效应，吸引了不少顾客前往消费。一个面馆，如果能做出自己的"招牌面"，同样可以吸引不少的顾客前往捧场。要做出像样的"招牌面"，让顾客感觉到"这面好吃"，也是不容易的，需要面馆的经营者从面条的选择，原材料的选用和搭配，调味品的添加与结合以及烹饪方法等多方面的综合努力，有时还需要我们的经营者进行必要的改进甚至创新。要知道，顾客的口味是越来越刁的，他们不会长期只吃其中一种面，肯定有换口味的想法，因此，我们的面馆经营者，在对待"招牌面"上，也要注意适当的革新，不要过于迷信"靠一种面就能长期挣钱"。同时，"招牌面"更重要的是要注重质量，而不能过度地追求数量，数量多了，就会逐渐变得普通而失去特色；数量多了，就不叫"招牌面"了。"招牌面"的品种和数量，有一到两种就行，当然，在制作招牌面的同时，也不能忽视其他品种的面食，否则会得不偿失。

（二）如何经营小饭馆

1. 家常菜手艺精湛，品种齐全

就重庆地区而言，人们的饮食习惯偏向于厚味，以麻辣、多盐等味型居多。重庆地区人们的饮食类别，受川菜影响较大。因此，对于小饭馆的经营者而言，对川菜的做法要有起码的了解，如回锅肉、盐煎肉、宫保鸡丁、水煮肉片、蒜泥白肉、肉末茄子、家常豆腐（二面黄）、红烧肥肠、火爆腰花等菜品要基本会制作，不能"浑水摸鱼"，不能搞"偷梁换柱"，更不要在制作的菜品上"混淆视听"，不要把回锅肉和盐煎肉混为一谈，不要把合川肉片和江津肉片当成是一个菜，不要将红烧豆腐误当成家常豆腐……

要经营好自己的小饭馆,除了精湛的厨艺外,还要有比较齐全而丰富的品种,才能更好地满足有不同需求、不同口味、不同饮食偏好的顾客的就餐需要。要知道,无论从事什么经营项目,其本质都是在顾客身上挣钱,顾客就是上帝,要想让顾客放心、满意,心甘情愿地把钱拿给你,感觉值得。因此,作为老板应该尽可能地满足顾客各方面的合理需求。

2. 适合当地饮食习惯

作为开办小饭馆的经营者,在菜品的设计和烹饪时,还要留意当地的饮食习惯、民风习俗。简单地说,就是要以当地多数人的饮食习惯为基础来经营小饭店。就重庆地区而言,对小饭馆的经营者来说,在菜品的制作上,要做到适度厚味,花椒、辣椒和盐要适当多放,要做到荤素搭配,同时还要做到每餐必有汤菜。

3. 价格合理,诚信服务

和经营其他项目一样,经营小饭馆,同样要讲究诚信为本。

对于经营者而言,要获取最大的利润,是合情合理,也是合法的。

但是,要多挣钱,要以诚实劳动和合法经营为前提的,绝对不能靠投机倒把、偷梁换柱、短斤少两、坑蒙拐骗、价格欺诈等非法手段,获取不义之财。绝对不能有"反正我不在乎回头客,能赚一个是一个,能宰一个是一个"的错误想法和行为,绝对不能有强迫交易、刁难顾客的思想和行为。对于小饭馆经营者来讲,要懂得"薄利多销"和"回头客效应"的影响。经营小饭馆,原本就是小本生意,因此,利润的积累和获得,需要讲究"细水长流",要逐步积累,切不可急功近利,幻想短期内暴富;"回头客"对于任何一个经营者而言,都是非常必要的,回头客的出现,不仅表明了他们对经营者的信任和认同,更重要的是,回头客有时往往还会介绍和带动更多的人前来消费,这对于任何一个经营者来说,都是非常渴望看到的事。对于经营者而言,都是希望能留住固定顾客的同时,还要尽可能地"发掘"出更多的新顾客。诚信对于小饭馆的经营也很重要,最主要的就是要做到饭菜质量有保证,安全有保障,饭菜的分量足,服务有档次。总之,要和顾客消费的费用相匹配。对于一些还兼营了饭菜外卖和递送的饭馆,则更要讲究诚信和服务,在接到订单后要及时制作,及时递送。

(三) 如何经营特色饮食店

1. 开办加盟店

加盟店,是当前饮食界的一个新生现象。开办加盟店,可以运用其母公司的技术和设备开展经营,并依托母公司的品牌效应,为自己挣得相应的利润。不过,经营加盟店和自己开办小店不同,需要一些比较烦琐的程序,要缴纳一定的保证金,而且店面的设计、食品的制作工艺等,均有统一的要求,经营者自主调整和创新的余地不大,几乎属于照本宣科的经营性质。

不过要警惕某些不法加盟商的骗人把戏。加盟商最喜欢抓住创业者图省事,短期要求赚大钱的心理,在广告上面大肆宣传。随便翻开一本商业杂志,包括部分知名加盟网站,便会看到铺天盖地的加盟广告,诱惑的语言,诱人的利润,动人的承诺,一切看上去像是上天安排给自己的赚钱机会,于是在发热大脑的驱使下,众多创业者会不由自主掉进加盟或所谓连锁的圈套。世界上没有轻轻松松的成功。创业是充满希望的,但其道路也是充满艰辛的,必须用谨慎、勤奋、节约的态度才能保证顺利走到最后。

2. 自创特色项目或结合旅游开发传统美食

1995年,重庆南岸区南山镇农民李仁和,在招待朋友时,用自家饲养的土鸡,配以当地的山泉水和一些农家调料,制作出了一道特色菜——南山泉水鸡。其后,在相关部门的支持和当事人的改进下,"南山泉水鸡"成了当地一道响亮的美食品牌,南岸区政府甚至举办过"南山泉水鸡文化节"。可以说,"泉水鸡"在南岸美食界所起的带头作用是不言而喻的。如果小饭馆的经营者能在日常经营的同时注意观察在日常的烹调及对顾客的访谈中,收集他们的意见和建议,并在实际下厨过程中加以改进,经过一定时间的历练,一定会创建出自己的特色项目。特色项目创建后,如果能争取到相关部门的引导、支持和扶持,使之变成一个新的饮食项目,所带来的利润和附加值会非常大的,能有这样的机会当然很不错。

结合旅游开发传统美食是当前的一个新的趋势。随着生活和工作节奏的加快,以及城市化进程带来的环境污染,不少城市人产生了返璞归真、向往自然的想法。于是,各种旅游活动兴起,以休闲旅游和"农家乐"为主要形式的都市近郊旅游成为一些城市居民的选择。而农家乐的兴起,给一些农家菜品、"私房菜"和传统美食带来了新的发展机遇。如果利用这个机遇,对一些传统美食进行必要的加工和包装,提升其附加值,不仅能满足部分城市居民想就地就近吃到农家传统美食的愿望,也让一些"养在深闺人未识"的传统美食得以重见天日,得以光明正大地走向大城市,摆上更多寻常百姓的餐桌。

第五节 "两型农业"创业

一、"两型农业"创业定位

推进"两型农业"创业是推进"两型社会"建设的必然要求,是缓解资源约束、解决生态环境问题,确保粮食安全、增加农民收入、实现省域农业农村经济可持续发展的迫切要求。

二、都市农业

都市农业是一种符合现代人生活与城市生态建设需要的未来技

术构架,是实现农业与都市建设一体化的必然趋势,更是人类进步与文明的象征和人类认识自我回归自然的客观需要,人类只有依赖自然力量,利用生物的庞大修复功能才能让人类在这星球上长盛不衰。都市农业为人类的生态文明开辟了通向繁荣的大道,只有顺应自然和尊重自然才能达到完美与和谐,才能实现人与自然的协同发展。具体而言,都市农业是把城区与郊区、农业和旅游、第一产业、第二产业和第三产业结合在一起的新型交叉产业,它主要是利用农业资源和农业景观吸引游客前来观光、品尝、体验、娱乐、购物,是一种文化性强、大自然情趣很浓的新的农业生产方式,体现了"城郊合一""农游合一"的基本特点和发展方向。

(一)发展都市农业的意义

积极引导农民围绕都市农业创业兴业的意义重大:①充分利用农业资源,促进农业结构优化调整,提高农业生产效益;②为农副产品带来销售渠道,提高当地农业产品的知名度;③可以带动相关产业的发展,促进剩余劳动力转移,扩大劳动就业;④可以疏散城市拥挤人口,为减轻城市人口压力创造条件;⑤扩大城乡文化、信息交流,促进农村开放;⑥绿化、美化环境,提高城市生活和生存环境质量。

(二)都市农业的主要模式

(1)偏重生产、经济功能的模式。美国大西洋沿岸被认为是当今世界上最富有的地区之一,以波士顿、纽约、费城、巴尔的摩、华盛顿五大都市圈形成的带状区域,被美国的经济学者JeanGottmann称之为"巨型带状都市"。这一南北长约960千米,东西宽50~160千米的区域里都市和农村相互交叉,融为一体,农业如网络一样分布在城市群之中。该区域内的农业由于受都市经济势力的巨大影响,形成了集生产和经济于一体的独特的都市农业模式。

(2)偏重生态、社会功能的模式。以欧洲城市最典型,如英国的森林城市，德国的田园化城市等，由于经济发达和文化传统等原因，更重视人与自然环境的和谐相处和生活质量的改善与提高。

（3）生产、经济功能和生态、社会功能兼顾的模式。以东亚的日本和南亚的新加坡为典型。日本有许多高集约化的尖端农业，尽管其国内食品需求量的60%以上来自国外，但蔬菜自给率却高达90%以上，城市四周有许多土地用于植树造林，美化城市，发挥生态功能，国土面积的60%以上为森林所覆盖。

（三）都市农业的类型

据《中国都市农业发展报告（2010）》显示，从世界范围来看，现代农业产业早已超出一般意义上农业的概念，受消费者需求驱动以及新科技革命和市场化进程的影响，围绕农业生产已经派生出很多相关产业，成为一个市场潜力巨大、前景广阔的产业体系。而农业产业链的延伸和拓展，进一步增强了都市农业产业的覆盖面和影响力。尽管前景诱人，但都市农业只有因地制宜方能发挥出最大效用。都市农业既服务于城市，又依托于城市，围绕都市农业创业的农民要想获得良好的经济效益，必须根据城市的特点和城市发展的需要来开拓农业产业，充分利用都市的经济、技术和市场优势，选择与自身能力相匹配的都市农业类型。

1. 按农业功能划分

都市农业包括农业公园、观光农园、市民农园、休闲农场、教育农园、高科技农业园区、森林公园、民俗观光园和民宿农庄等。

（1）农业公园。这种都市农业类型的特点是把公园与农业生产场所、消费场所和休闲场所结合起来建设，利用农业生产基地来吸引市民游览，主要是供观赏和旅游，面积比较大。一般选择依山傍水、有林草的地方，以地形和农产品种类而形成自己的风格特色。农业公园又可分为专业性农业公园和综合性农业公园。

（2）观光农园。这种都市农业类型的特点是开放农业园地，让市民观赏、采摘或购置。有的主要是供观赏农村景观或生产过程，有的可以购买新鲜产品（如花卉），有的还可以参加采摘果实。有的农户开放自家的花卉种植温室，有的观光农园集中区建立了展览室，让游人在观赏之余还能增长知识。

（3）市民农园。这种都市农业类型的特点是让没有土地所有权的市民承租农地，直接参与农业植栽，亲身体验农业劳动过程。市民农园一般设在离市区较近，交通、停车都便利的地方。农园经营者把整个园地划分为若干块，分别租给不同的市民，供他们进行耕作体验，有的可以解决一些吃菜或就业问题。

（4）休闲农场。这是一种综合性休闲农业区，以吸引旅客住宿为特点。农场以生产果、菜、茶等农作物为主，经过规划设计，充分利用农场原有的多种自然景观资源，如溪流、山坡、水塘，以及植物、动物、昆虫，引进一些游乐项目，开发为休闲农场（或度假农庄），把市民的观赏景观、采摘果实、体验耕作、住宿餐饮和娱乐等多种活动结合在一起，满足他们度假游乐的需要。

（5）教育农园。这是兼顾农业生产与科普教育功能的农业经营形态，即利用农园中所栽植的作物、饲养的动物以及配备的设施，如特色植物、热带植物、农耕设施栽培、传统农具展示等，进行农业科技示范、生态农业示范，传授游客农业知识。

（6）高科技农业园区。这是采用新技术生产手段和管理方式，形成集生产加工、营销、科研、推广、功能等于一体，高投入高产出、高效益的农业种植区或养殖区。这些园区有的可以对外开放，接受游人的观赏，有的属于封闭型，不接待游客。

（7）森林公园。这是一个以林木为主，具有多变的地形，开阔的林地，优美的林相和山谷、奇石、溪流等多景观的大农业复合生态群体。以森林风光与其他自然景观为主体，在适当位置建设狩猎场、游泳池、垂钓区、露营地、野炊区等，是人们回归自然、休闲、度假、旅游、野营、避暑、科学考察和进行森林浴的理想场所。

(8) 民俗观光园。选择具有地方或民族特色的村庄，稍加整修可提供过夜的农舍或乡村旅店之类的游憩场所，让游客充分享受农村浓郁的乡土风情和浓重的泥土气息，以及别具一格的民间文化和地方习俗。

(9) 民宿农庄。这种都市农业类型的目的主要是满足已退休或将退休的城里人租住农村房屋，迁居农家的需要。这些人中有教授、导演、设计师、工程师等，他们在城里均有较好的住所，但非常向往农村的风光，游览田园景观，希望在林间散步，呼吸着农村新鲜空气，过着宁静淡泊、无噪音、无污染的世外桃源式生活。

2. 按区域划分

都市农业可分为中心区农业、走廊区农业、隔离区农业和外缘区农业。

(1) 中心区农业。这一都市农业类型位于城市中心地区，人口和建筑密度大，土地利用的混合程度和集约程度高，通常以公务和商业零售活动为主。这里的农业主要分布于屋缘（屋顶、阳台、宅院）、闲置地、院区和园区，具有较高价值和需要较多投入，其中很多采用小型温室农业系统的形式。

(2) 走廊区农业。这一都市农业类型是位于高速公路或铁路两侧的交通地带的农业，属于高集约发展农业。这类农业处在交通设施发达、与市场联系便捷、居民密度较高的有利环境。走廊地区的农业，以经营观赏性园艺、温室蔬菜和花卉、放牧、家禽、微型动物，以及农家产品集贸市场和批发市场为主。

(3) 隔离区农业。这一都市农业类型地处交通走廊之间，呈楔式地分布，是都市农业土地、就业、产出集中地区之一。在城市化迅速推进的时期，这里往往是城市住宅、工业、绿化等建设发展的主要区域，土地利用类型有可能从农业用地大量转为建设用地，所以要注意保护农业。

(4) 外缘区农业。这一都市农业类型是相对稳定的农业区，也是都市农业土地、就业、产出集中地区之一。外缘农业区的大小，在很大程度上取决于交通运输效率和自然条件特征。外缘区农业的特点是以大量中小型农场的形式，按照都市区市场的需要，以生产鲜活农产品为主。

三、集约农业

（一）农业集约经营的必要性

现代集约农业以良好的生态环境以及资源的可持续利用为基础，旨在促进农业经济的可持续发展，谋求农村社会的全面进步，是可持续发展理论在农业方面的运用。经济、生态、社会效益的统一是现代集约农业的最大目标，它的建立有赖于人口、经济、社会、资源、环境关系的全面协调。

中国的农村家庭联产承包责任制集约化程度低，在以人力要素为主的小户分散经营模式下，进行市场信息的收集与反馈、技术的推广、生产标准化管理、质量的监控等难度非常大，进而造成农产品生产效率低下，生产成本提高，还直接影响到科技、良种的推广和机械化耕作技术的应用，这显然已经不适应市场竞争的要求。因此，以村为单位把土地集中起来，可以引进、利用先进技术，从良种的选择、土地的改良、农用机械的使用、病虫害的防治到农产品进入市场，都由"社"统一组织，在专业人员的指导下进行科学的规划，实现耕、种、收规模化作业。

土地小规模经营对农业生产的约束作用越来越显著，对农业的规模生产和农产品质量的提升与监督起到了阻碍作用。在这种情况下，应当尽快通过立法和修订相应法律法规，放松对土地流转的限制，实现土地使用权转让的规范化和法制化，使土地向部分种植大户转移集中，以推动农业规模化经营。同时还要改革现行的户籍制度，逐步取消农村居民在城市居住、就业、教育、医疗等方面的待遇差距，以此促进农业人口向非农产业转移，解放迁移农民的土地。

2013年中央"一号文件"提出:"坚持依法自愿有偿原则,引导农村土地承包经营权有序流转,鼓励和支持承包土地向专业大户、家庭农场、农民合作社流转,发展多种形式的适度规模经营。""在支持普通农户提高生产集约化程度的同时,培育新型农业生产经营主体,扶持联户经营、专业大户和家庭农场,发展多种形式的新型农民合作组织。"随着"一号文件"的实施,将为农村土地集约化经营释放出前所未有的"红利"。

(二) 制约农业集约化经营的因素

(1) 土地集约化经营机制不灵活。目前政府在土地集约化经营方面还没有明确的扶持政策,难以形成激励机制,使从事非农产业的农民处于不稳定的就业状态。这些农民仍然视土地为最后的退路,既不愿意经营土地,也不愿意转包承包土地,直接影响了土地资源的产出效益。有经济实力的致富能人,面对农业比较效益低、自然风险大的现实,享受不到政策的扶持,也不会积极地投资搞产业化规模经营。

(2) 土地经营权流转不规范。集体出租的土地多数没有经过规范的民主程序,潜伏着很多矛盾。大部分农户转包、出租的程序不规范,不进行投标定价,只是口头上承诺和协定,即使有书面合同,也存在合同要素不全、条款不明确、权利义务不清楚等问题,这直接影响着土地承包关系的稳定。

(3) 农民的保障体系不完善。随着城乡经济的快速发展,劳动力市场逐步由单纯的体力型向专业型、技能型转变,低素质的劳动者就业难度加大。土地流转后的农民,由于文化素质和劳动技能偏低,就业难问题尤为突出。大部分农民从农业转产后,主要从事体力劳动,还有部分农民存在着"高不成、低不就"的就业观念障碍,加之政府的就业、养老、医疗等社会保障仍存在城乡差别,土地流转后的失地农民生活风险凸现。

(4) 农业集约化经营规模不理想。农业收益比较低,面临市场和自然双重风险。现有的农业企业经营规模一般都不大，因而业主对投资农业开发极为慎重，由于融资难，对政府支持的依赖性较大。而有实力的企业或业主参与土地流转、规模经营农业的又比较少，有规模、上档次的大型农业产业化龙头企业对土地集约化经营的带动作用有限。

（三）提高农业集约化经营水平的对策建议

（1）宣传引导，提高对农业集约化经营水平的正确认识。一要利用各种形式宣传农村土地基本经营制度长期不变的政策和有关土地承包经营权流转的法律法规，向群众讲清土地经营权流转必须坚持"依法、自愿、有偿"的基本原则。二要宣传通过农业规模经营增收致富的典型，增强农民做"大户"、当"农场主""庄园主"的意识。三要加强对农经专业相关人员的专题培训，使大家从解决"三农"问题的高度来认识土地流转工作的重要性，掌握好土地流转的法规政策，更好地指导和胜任土地流转工作。

（2）金融倾斜，助推农业集约化经营的良性发展。一要建立多层次多渠道的农村金融机构体系，支持农村土地流转。二要尽快出台针对土地流转方面的银行贷款配套政策，发展农村土地承包经营权抵押和农村房屋抵押信贷业务。要把规模经营大户作为信贷支农的重点，每年安排一定额度的农业信贷资金授信额度，允许规模经营大户以联保等形式办理贷款手续。三要创新发展农村的多种保险业，化解分散农村金融风险。四要加大信用整治力度，加强农村地区信用体系建设；充分发挥各级政府在维护信用秩序方面的主导作用，形成以政府引导、市场主导、部门联动、综合治理的社会信用整治格局，从而减少农村金融机构的信贷风险，为农村金融积极放贷创造良好的信用环境。

（3）健全机制，提高农业集约化经营的管理水平。农业、林业等相关部门要做好土地流转的政策研究、方案制订、业务指导等工作，尽快制定操作性强的土地流转具体实施办法，统一土地流转合同书、格式文本,做好签证登记备案以及档案管理工作,防止出现新的土地矛盾隐患和纠纷。要以农业、林业管理机构为依托,成立土地流转服务中心,负责农村土地流转政策宣传、供求登记、发布信息、项目推介、中介协调、合同签证、追踪服务和纠纷调处。村级要成立土地流转服务站,提供土地承包经营权流转的信息,协调流转双方的利益,督促依法签订流转合同,调解土地流转纠纷,并及时向乡镇土地流转服务中心提供动态情况。应建立并完善相应的农村社会保障体制,以逐步弱化土地的社会福利和保险功能,为土地流出者解除后顾之忧,从而加速农村土地集约化经营的进程。

(4)增加投入,改善农业集约化经营的外部条件。要把推进土地流转和规模经营与土地整理和农业综合开发结合起来,使土地整理和农业综合开发作为开展土地流转的一项基础性工作,加大农村小型水利设施建设投入力度,完善农田排灌设施,积极推进标准农田建设,为加快农村土地流转,促进农业集约化经营提供有力保障。

第六节 特色生态农业创业

一、突出生态农业特色

"民以食为天,食以安为先"。吃得安全,是老百姓最大的民生。要把农产品质量安全作为转变农业发展方式、加快现代农业建设的关键点,用最严谨的标准、最严格的监管、最严厉的处罚、最严肃的问责,确保广大人民群众"舌尖上的安全"。要把住生产环境安全关,治地治水,净化农产品产地环境,切断污染物进入农田的链条,对受污染严重的耕地、水等,要划定食用农产品生产禁止区域,进行集中修复,控肥、控药、控添加剂,严格管制乱用、滥用农业投入品。同时,要形成覆盖从田间到餐桌全过程的监管制度,建立更为严格的食品安全监管责任制和责任追究制度,使权力和责任紧密挂钩，抓紧建立健全农产品质量和食品安全追溯体系，尽快建立全国统一的农产品和食品安全信息追溯平台。因此，要将农业结构调整与增加农民收入、防治农业面源污染和改善农业生态环境有机结合起来，大力推进农业产业化经营，建立生态农业产业体系。探索适合各市（州、林区）自然和经济发展要求的生态农业模式，突出区域生态农业特色。建立有机食品、绿色食品生产基地，降低农药、化肥使用量。综合利用各种秸秆、畜禽粪便等农业废弃物，积极发展生物质能源，推广沼气工程，开发平坝、低山、丘陵地区，充分利用土地、植被、水利资源。依托优势生态农业资源，加快农业区域生产布局调整步伐，开展特色农副产品的种养和精深加工，形成现代农业产业集群。推进农业产业化经营向纵深发展，提高农业集约增长效益。引导农业企业和农民发展现代农业，创新农业企业和农户联结方式，加快培植和发展加工龙头企业。

建设特色农产品和优势农产品生产基地，以核心示范基地建设带动和促进板块农业发展。建设生态农业基地，建成一批国内外有影响的农产品龙头企业和知名品牌。建立恩施州干鲜果生产基地；将巴东、神农架九冲以及恩施的生产、研究基地整合起来，成立圈域魔芋生产、加工基地，生产食用魔芋、可降解地膜、药胶囊、饭盒等环保产品；建立柑橘和草莓等鲜果生产、保存、深加工基地；建立茶叶、油茶、食用菌、板栗、甜玉米、高山蔬菜产业生产、储存、深加工基地；建立恩施、襄阳烟草生产、储存基地；推广超级中稻品种在本圈域大规模种植，提高农民收入水平。

开展生物多样性、物种多样性、遗传多样性和生态系统多样性保护及其利用。保护圈域珍稀濒危及资源物种，选育优良物种，并建立种质资源库，为圈域的珍稀濒危及资源物种建立基因资源库。采用分子生物学技术保存多种基因及DNA序列，为分子杂交和克隆提供材料，繁育新物种以及多种性状和杂交优势物种。

建立农业支撑和服务体系，主要建立和逐步完善农业社会化服务与管理体系，农产品及农资产品质量安全体系，灾害预警体系，农产品市场信息体系和农业资源与生态环境保护体系等。

二、生态农业产业化经营的基本类型

生态农业产业化经营是遵循发展农村经济与农业生态环境保护相协调，自然资源开发与保护增值相协调的原则，基于农业生态系统承载能力的前提下，充分发挥当地生态、区位优势及产品的比较优势，在农业生产与生态良性循环的基础上，开发优质、安全、无公害农产品，发展经济、环境效益高的现代化农业产业。它通过区域化布局、专业化生产、系列化加工、网络化链接、一体化经营、社会化服务、企业化管理，把农民（基地）、高附加值的加工企业（龙头企业）、大市场三者紧密有机地结合起来，形成一个利益共享、风险共担、共同发展的实体，使农村经济走上自我发展、自我积累、自我约束、自我调节的良性循环轨道。通过建立与生态农业发展相适应的产业化经营方式，可以妥善解决生态农业发展中"小农户与大市场"的矛盾，以及小生产与生态农业规模化、标准化、集约化发展的不适应问题。同时可以实现农业生产要素与环境资源的合理匹配，生产有市场潜力的安全食品如无公害食品、绿色食品、有机食品。生态农业产业化类型多样，创业农民应结合自身条件，因地制宜，借鉴成功模式的经验，选择合适的发展类型。

（一）整体协调型

农业生态系统层次多、目标多和联系多的特点，要求在生态农业产业化经营进程中要重视农业生态系统的整体协调性；而生态农业产业化经营所追求的最终目标，既实现生态环境保护和农业发展的协调统一，又要求经济、社会和生态三个效益的协调统一。如花园生态农业科技示范园区可以遵循"经济、生态、社会"三效益统一原则和"整体、协调、循环、再生"的基本原理，通过实施生态农业、观赏农业、设施农业、供给农业、效益农业"五位一体"的整体协调型农业战略,将试验、示范、游览、观赏、消费与教育融为一体,走上专业化、产业化、规模化、系列化的发展道路。

(二) 调整结构型

生态农业产业化经营要求把建设优质高产高效农田、特色农产品生产基地和促进农业结构调整有机结合起来,借助农业结构调整的推动力优化组合农业生产中不同层次和不同领域的多种结构,实现农业生产时空配合、多种经营相结合、提高资源利用效率、产业协调发展和相互促进等目标。如北京近郊瀛海镇为综合发展生态农业产业化经营,先后进行了两轮农业结构调整。目前,瀛海镇蔬菜种植、畜禽养殖两大支柱产业初具规模,产、加、销产业链基本形成,实现了种植业时空配合、农业种养结合,有效提高了资源利用率,形成了生态农业产业化经营的良性循环。

(三) 科技教育型

生态农业产业化经营要求在生产过程中优化组合农业高新技术,把资源高效利用、改善生态环境、高品质食物生产等技术作为研究、开发、推广和应用的重点;要求在农业科技推广过程中积极开展科技培训,提高劳动者的科学文化素质,培养他们生态农业观念和产业化经营理念。如浙江省磐安县采取"种、积、还、改"的生态农业技术,提高了土壤可持续利用能力;大力推广生态植保技术和生物农药,实现了健康农产品的生产。山东省兖州市在"无公害优质玉米关键技术集成与产业化示范"项目中,不断提高广大农民的科技素质和高新技术对农业的贡献率,在农业科技装备和人才培养、农业科技管理机制等方面取得了突破。

(四) 生产基地型

生态农业生产基地是生态农业产业化的经营基本依托,也是解决小生产与大市场接轨的重要环节。因此,发展生态农业产业化经营必须进一步加快农村土地产权制度改革,因势利导地引导农户合理扩大土地经营规模,加强生态农业生产基地建设。20世纪80年代,浙江省临安市在完成综合农业资源调查的基础上,相继改造和建立了粮、牧、竹、茶、桑、果、菜、药、畜、渔十大农特产商品基地,不仅发挥了地方农业资源的优势,还实现了生产基地和农产品的相对集中,大大提高了生产规模化水平,因而荣获"江南最大的菜竹园""中国山核桃之乡"等称号。

(五)主导产业型

农业生产具有地域性,需要按照地域分异规律,因地制宜,选择适当的生态农业产业化经营模式;同时,需要全面调查分析资源潜力、生态优势及劣势、市场条件等,积极发展相应的主导产业,大力开发特优农产品。如河北省槐桥乡利用地多的优势,选择需水量少的经济林木为主导产品,组织产销集团,优化产业链。浙江省云和县利用资源优势,发展木制玩具产业成为当地主导产业,推动了当地经济的发展。浙江省磐安县开发了香菇、茶叶、药材、高山蔬菜等主导产业,形成了具有地方特色的商品优势,实现了经济发展和环境保护的双重目标。

(六)龙头企业型

龙头企业是产业化经营系统的组织者、营运中心、服务中心、信息中心、技术创新主体和市场开拓者,起着关键的枢纽作用,其带动功能更是实现生态农业产业化经营的关键。因此,必须加强对龙头企业的培育,包括严格设计、重点扶持、强化带动功能等。如河南莲花味精集团是农业产业化国家重点龙头企业,实施生态农业产业化经营战略之后,味精产量居全国第一、世界第二,资产总额高达53亿元,有力推动了地方农业经济的快速发展。辽宁省北宁市政府不断加大对龙头企业的培育力度,促使北宁闾山葡萄有限公司、李凯集团等30余家大中型农产品加工流通企业迅速发展。

(七)品牌经营型

在市场经济条件下,生态农业作为高度社会化、产品绿色化的产业,想要获得生存与发展,必须用品牌开拓市场,提高产品知名度、市场占有率和附加值,形成市场竞争优势和价格优势。品牌经营能塑造良好的品牌形象和企业形象,有助于企业准确定位、得到法律保护等。如黑龙江省完达山集团重组后开展了"打品牌、树形象"工程,名牌战略的实施使"完达山"商标被国家工商行政管理总局商标局认定为中国驰名商标,填补了黑龙江省在中国驰名商标中的空白。内蒙古草原兴发集团以适度技术催生特色产品,依据市场拓展个性化、高附加值的产品,在国内市场打响了"草原兴发"的品牌。

(八)健康产品型

生产无污染食品,如绿色食品、有机食品等,一方面满足了城乡居民对食物质量越来越高的要求,另一方面有助于解决现代化"石油农业"带来的环境问题,还可以提高农民就业率、增加农民收入等。如吉林省和龙市以无公害蔬菜为重点,全方位立体开发了"龙牛""蚕龙""菜龙""果龙"和"绿色稻米"等10条绿色农业经济带。

(九)农林复合型

农林复合经营是指在同一块土地上,按空间位置与时间顺序,将多年生木本植物与农作物和家畜动物结合在一起而形成的土地利用系统的集合。农林复合型生态农业充分利用土地、发展多种经济,在提高经济效益和农民生活水平的同时,优化利用自然资源,有效保护了农业生态环境。

(十)生态旅游型

一方面因为生态环境不断恶化,另一方面因为经济收入的提高和休闲时间的增多,人们回归大自然的渴望愈来愈强,对生态需求愈来愈高。因此，农业生态旅游成为一种新的休闲娱乐方式，它既可以使人们领略到田园风光，又可以增强人们的环保意识，同时还可以增加农民收入和发展农村经济。北京市延庆县利用季节上的优势和良好的生态环境，把旅游业作为主导产业，将生态劣势转化为生态优势。北京市门头沟区樱桃村以生态退耕为契机，发展以樱桃为主的绿色采摘与回归自然休闲观光农业，创造了宝贵的经济价值和社会财富。

第七节 农产品深加工

一、概述

农产品深加工细分产业领域包括：谷物深加工（包括小麦深加工、稻米深加工、玉米深加工、小杂粮深加工等）、薯类深加工、蔬菜深加工（包括蔬菜提取物、保鲜蔬菜、冷冻蔬菜、脱水蔬菜等）、水果深加工、热带水果加工（包括水果提取物、保鲜水果、冷冻水果、速冻水果等）、坚果深加工、浆果深加工、棉麻深加工、花卉深加工、茶叶深加工、蜂产品深加工、特色农产品深加工（包括中国大陆各地区特色的农产品）等。

二、杂粮深加工

现在我国杂粮深加工产品主要有以下一些形式。

（1）杂粮饮品。包括普通型饮料和发酵型饮料。如富含黄酮物质的荞麦功能饮料、大麦茶、大麦咖啡、绿豆汁、薏苡仁保健饮料、燕麦乳、小米奶饮料等；而辅以牛奶、蔗糖，经乳酸菌发酵制成的荞麦酸奶、小米酸奶、薏苡仁酸奶则属于发酵型饮料。

（2）黄酮类物质。黄酮类化合物具有清热解毒、活血化疲、改善微循环、拔毒生肌、降糖、降脂等生物功效，并可吸收紫外线。

自荞麦中提取的类黄酮作为医药原料和添加剂用于制作中成药、营养保健食品、护肤霜、防辐射面膏、淋浴液、生物类黄酮胶囊、生物类黄酮牙膏等制品,具有广阔的开发前景。此外,生物类黄酮物质还可作为天然抗氧化剂来抑制油脂酸败且无毒副作用。

(3) 植物油。荞麦胚芽经洗涤、脱水干燥、压榨后可制得荞麦油。荞麦油中含有的脂肪酸种类多且不饱和脂肪酸多为反式脂肪酸,易进行脂肪酸代谢。薏苡仁经提取后得到的薏苡仁油具有抑制肿瘤细胞生长,增强肌体免疫,降低因化疗引起的白细胞减少的功效,其营养保健功能已得到公认。

(4) 蛋白提取物。荞麦种子经碾磨、碱提、浓缩、中和、杀菌、干燥制得的荞麦蛋白萃取物有较强的胆固醇抑制作用。国外对荞麦蛋白质的利用主要是将其作为产品的配料,以改善食品的组织结构,增加营养价值。

(5) 多糖、淀粉类提取物。大麦含有 $55\%\sim65\%$ 的淀粉,其淀粉可用于制作天然淀粉、淀粉衍生物、果葡糖浆等;薏苡仁多糖是从生产薏苡仁以后的残渣中提取出来的,具有降血糖的作用。从燕麦中提取出的 β 葡聚糖作为功能性食品的成分,可应用在食品、美容和医药行业;燕麦水溶性 $\beta-$葡聚糖凝胶是一种弱凝胶,作为食品配料添加到食品中口感舒适。

(6) 发酵食品。酱类和醋类是日前已开发出的发酵制品。在蒸煮的大豆中加入荞麦、食盐混合发酵而成的荞麦酱,外观酱红色,风味独特,赖氨酸、精氨酸、甘氨酸及其他游离氨基酸均比普通酱类高。荞麦醋则具有苦荞特有的香气,酸味柔和。

(7) 焙烤食品。焙烤食品是食品中的一大门类,目前,已有将苦荞麦叶经粉碎后添加到小麦面粉中生产富含黄酮物质的保健型面包、桃酥;以杂粮面粉为主料生产的苦荞饼干、荞麦面包、荞麦即食面、荞麦蛋糕、荞麦小米蛋糕、黑豆麻辣蛋白肉、燕麦面饼干、燕麦片、小米曲奇饼干、小米红曲色素、小米威化饼、小米酥卷、小米饼干等。

(8) 酒类食品。自古以来四川省凉山地区的彝族人民就用苦荞麦为原料酿酒。如今,杂粮中的大麦是生产啤酒的主要原料,而小米、高粱也均可用来生产啤酒或白酒。其中,以小米为原料生产出的新型酒产品就以其独特的液体颜色和保健功能而成为酒类市场上的新宠。

(9) 膨化食品。目前,以黑小米、黑玉米、黑豆等黑色杂粮为主要原料加工膨化食品已经出现。采用科学的工艺,在最大限度地保留其黑色素及其他营养成分的基础上,又在配料中加入奶粉等营养物质和呈香物质,产品营养丰富、口感好,适合各类人群食用,具有一定的保健作用。

三、红薯深加工

目前,我国的红薯制品加工处于低层次相对过剩,淀粉及淀粉制品质量普遍较差,粉品的质量、安全也受市场的关注,而优质红薯粉品市场相对短缺,全自然无公害粉品更少。农业综合开发是党中央、国务院加强农业的重大决策,是国家支持和保护农业的重要举措,是进一步发展农村生产力的有效途径,是提高农业综合生产能力最直接、最有效、最快捷的一项措施。

(一) 甘薯方便粉

工艺流程:甘薯(马铃薯)淀粉→除砂→脱色→和粉→挤压糊化→凝沉→松丝→干燥成型→附加调味料→包装成品。

操作要点:

(1) 淀粉处理:选用优质的甘薯(马铃薯)淀粉,加水浸泡。通过除砂机除去砂石,过120目筛网,滤去粗渣,按干淀粉量的30%添加酸浆,充分搅拌,脱色6~8小时,用清水漂洗3次。

(2) 和粉:将处理好的甘薯(马铃薯)和玉米淀粉按一定比例倒入和粉机,添加少许植物油和海藻酸钠,搅拌8~12分钟,保证粉团干稀适度。

（3）挤压糊化：将和好的粉团直接倒入单螺杆挤压机中，过 $\varphi 0.8$ 毫米筛板成型，水浴温度 95℃，该过程实质是淀粉的糊化，成型的粉丝用鼓风机散热、冷却。

（4）凝沉、松丝：糊化后的粉丝在常温下凝沉 4～5 小时，或在冷库中冷冻 2～3 小时，库温为 -4℃，然后用松丝疏散。

（5）干燥、包装：粉丝松散后，沥干明水，定量装入托盘，通过烘干机热风干燥，于 65～75℃下烘干至含水量 12% 左右，然后附加调味料，封盖、自动收缩包装即为成品。

（二）速冻甘薯制品操作要点

（1）原料验收：选用外形呈纺锤形、圆锥形，肉质呈黄、橙色，无病变和机械损伤的甘薯原料。

（2）切条：要用多功能切割机，将甘薯切成截面积为 2.8 厘米 ×2.8 厘米，长度 8～10 厘米的长条。

（3）气蒸：清洗后薯条均匀地平铺在蒸盘上，沥干水分，蒸至熟透，气蒸时间 3～5 分钟。

（4）速冻：宜使用流态式连续速冻机。当速冻温度降至 40℃左右时进料，调节运行速度在 25～30 分钟内，使产品中心温度达到 -25～-18℃，表面不龟裂，薯体不连接即可。

（5）冻藏：用纸箱包装后的甘薯条迅速送入冷藏库中，库温保持在 -18℃ 或更低，冻藏期间温度波动控制在 2℃ 以内。

（三）甘薯茎尖罐头操作要点

（1）原料选择及处理：将新鲜甘薯茎尖除去虫斑叶及枯黄、破损叶，裁剪均整、沥干，在 0.2% 的 Na_2SO_3 护色液中浸泡 18～24 小时，清水中漂洗至叶面无黏滑感后装罐，注入 80～90℃ 的罐液。

（2）排气、封罐：装罐后在 80℃ 条件下排气 10 分钟然后封罐。

（3）杀菌、冷却：在 115℃ 条件下杀菌 3 分钟，快速冷却至

40℃以下，杀菌。

（4）检验、包装：将破罐、胀罐剔除后，抽样进行感官、理化及微生物指标检验。

(四) 干制甘薯茎叶

将品种优良、成熟适度的鲜嫩甘薯茎叶采收、清洗后，用沸水烫漂至半熟程度，然后晒干，再用塑料袋定量密封，精制包装即可。

第八节 信息服务业

一、信息服务的创业项目选择

从实践中发现，农村中农民经纪人主要有三类。

（1）科技推广经纪人。农民盼望有一批懂技术的"土专家""田秀才"进入农村技术市场，这类以经纪人身份出现的农民凭着丰富的科技知识和社会实践经验，从一些农业科研单位引进新技术、新产品，使广大农民依靠科技增产增收。

（2）农产品销售经纪人。目前一些农产品流通不畅，已直接影响了农民利益，农民希望有一批搞推销的经纪人为农民进入市场牵线搭桥。因此，这类经纪人善于研究市场信息，通过各种渠道与外地客商建立购销关系，当地的农副产品大都靠他们销售出去。

（3）信息经纪人。由于发展农村经济离不开准确及时的商品供求和农业技术等方面的信息，因此，农民渴望有一批信息经纪人进入农村市场，交流致富等信息。这类经纪人主要是把外地打工获得的致富信息向家乡反馈，帮助父老乡亲发展经济。

实践中，三类经纪人的界限不是非常明确，不少经纪人兼备其中的两个或者三个特征。经纪人之所以在农村经济中能够发挥重要的作用，主要是因为农产品进入市场，必须有合适的方式和渠道，作为单一经营的农民，因为信息缺乏、营销能力差，很难单独进入市场。而土生土长的农民经纪人具有信息、市场等资源优势,成为带领农民进入市场的最佳载体。农民经纪人通过提供有偿服务,在带动农民增收的同时,也给自己带来丰厚收入。因此,农民经纪人从事信息服务的市场前景比较看好。

从事信息服务的关键技术就是信息搜寻与获取、加工与处理,以经纪人为例,做好一个农民经纪人必须具备如下一些条件。

(1)头脑灵活,信息灵通。这是基本条件。信息搜寻要逐渐借助信息工具,其中互联网就是一个很重要的工具。农民经纪人最好能自己添置一台电脑,并装好网线,学会上网,从网上及时了解各类供需信息。同时,经纪人还要善于构建自己的信息发布网络,让自己所加工处理的信息及时向信息服务对象传达,以确保信息的及时性。

(2)具有一定的营销能力和营销知识,掌握一些市场资源。从事经纪活动要自觉学习市场营销学知识,并定期到农村走动,了解农副产品生产加工情况,营建农副产品供给网;定期与客商沟通,了解外地市场销售情况,营建农副产品销售网。

(3)具备一定的资金实力与融资能力。刚起步也可以通过借款或向信用社贷款。

二、信息服务创业的举例

以农产品经纪人为例。投入方面主要有:

(1)印制一批名片,约需要50元;

(2)最好配置一台可上网电脑,用于发布销售信息和查询有关市场信息。约需要3 500元(购买时候,可参考家电下乡产品);

(3)电话一部、手机一部,约需要1 000元;

(4)流动资金,根据情况可多可少,一般可准备2 000~3 000元启动。合计:6 500元左右。

收益方面:

收益视销售情况而定。刚开始因为没有打开市场，收益少，甚至亏损。过段时间，逐步积累了自己的资源，慢慢建立自己的资信，拥有一定的营销网络之后，收益一般每年在几万元以上，不同规模的经纪人，差别很大。

三、信息服务的创业风险

（1）信息风险。信息存在真伪之分，及时与否之分，因此，信息本身存在风险。这要求信息服务提供者在信息搜寻、信息处理方面多下功夫。

（2）经营风险。市场信息瞬息万变，以信息为服务内容的从业者必须具有良好的市场经营能力，最好能准确瞄准市场，构建良好的经营网络。

（3）信用风险。信息服务过程中，多以口头承诺、书面契约的形式出现，这要求信息服务的提供方与消费方都基于守信的原则，否则，信息服务无从进行下去。要降低信用风险，信息服务者首先要树立自己良好的资信与品牌，最好能与信息服务需求方建立和谐的业务往来关系，以加强社会关系夯实市场信用关系。

第九节　物流、旅游业

一、物流业的创业

近年来，随着"万村千乡市场工程""两社两化"等项目的实施和推进，我国农村市场体系得到较快发展。传统商业企业不断改造升级，国有、集体及各类非公有制经济成分繁荣活跃，成为农村商品流通的主体，农村商贸流通多元化发展格局初步形成。随着农村居民收入的稳步提高，交通、广播电视、电力、通信、网络等基础设施的完善，农村消费环境日益改善，带动并扩大了农村消费。

但是，由于多年来受"重生产、轻流通""重城市、轻农村"等传统思想的影响，城乡之间商贸流通发展不平衡，城乡居民消费差距较大，农村商业相对于城市商业仍显落后。农村商贸发展中，仍存在着市场网络体系不健全，信息网络不完善，基础设施建设薄弱，结构性矛盾突出；流通主体规模小、实力弱，龙头企业培育不够，总体带动能力不强；现代化程度不高，信息不对称，城乡商品流通不畅；资源配置统筹不够，有限资源缺乏有效利用；农村服务不完善，不能满足广大农民需求；农村商贸人才匮乏，流通组织化程度不高；市场不够规范，竞争不尽公平，经营成本较高；农村消费不安全、不方便、不经济等矛盾和问题。

（一）如何经营农家小超市

1. 增加经营项目

由于农家小超市的局限性和发展的空间，应该把增加经营项目列为首位目标，切不可以惯有的经营方式进行。应该把一些以前没有但周围群体需要的经营项目纳入到新的经营当中来，从而达到提升整体经营业绩的目的。

2. 提高有效商品的引进

农家小超市商品定位都是一样的规模，一样的布置，而这种模式正是制约和影响其在社区发展的主要问题，应该突破这种经营方式，进行统一连锁地区划分的经营变动，使门店在不同的社区范围内形成各自的特色格调，从而成为社区内的小型购物中心。

3. 增加消费者的入店次数

固定的消费群体以及固定的消费使得顾客已经形成一种潜在的消费时间段，例如，有部分人喜欢在周日进行统一购买，有些顾客喜欢在周三进行购买等，那么就要突破这种消费的模型，使周围的消费者变每周一次为两次，这样就要前边两项的支持和配合才能把消费者吸引进来。

4. 进行商品的错位经营

所谓的商品错位经营就是指和竞争门店的商品进行错开,以顾客的需求为主要目标,而与其他大型竞争者和小型竞争者之间实行错位经营,从而避免过多的竞争以致影响到毛利率的提升。

当然,以上提到的四点也不是很全面,比如在服务质量等方面也要进行必要的调整。总之从每个细节做起,相信你的超市的销售一定会有所提升。

(二) 如何经营便利店

近年来,由于大型卖场的数量不断增加,中小型卖场由于在商品品种以及经营项目的量小、经营理念的落后,加上经营成本居高不下,导致生存空间越来越小,从而引发了业态的变革,产生了居于超市和小型杂货铺之间的另外一种业态——便利店。

便利店主要是为方便周围的居民或是人群而开设的一种小型超市,是生存于大型综合卖场及购物中心的商圈市场边缘的零售业。

便利店的经营应紧紧抓住大型卖场的市场空白点,为消费者提供一个方便、快捷的购物环境,以此来赢得消费者。

因为它具有超市的经营特点,便利店的经营成本价格优势及便利优势,迅速赢得了消费者的青睐,因而得以快速发展,并形成了连锁化经营。

便利店的经营面积一般在60~200平方米,开在社区及路边的人气比较旺的地方,以此来赢利。

便利店基本都是以销售日常食品为主,因此装修以简洁实用为主。店前的地面平整,易搞好卫生,不至于使灰尘太多即可,店内会用素色地板或是直接使用水泥地面。店堂的色彩要求比较淡雅明快清新。便利店的招牌等同于店面的临街宽度,制作时不宜太豪华,只需符合自己特点,能有效地契合企业的经营特点,且能符合便利店本身的特征即可。

便利店的商品结构中,食品50%,日用化妆品20%,日用百货20%,其他10%,需单品数2 000~3 000种。

(三)如何经营现代农村代销店

在农村市场,做好农村代销点,首先需要选择合适的企业来联合代销。为此,可采用如下的经营方法。

1. 易货

在农产品收获季节,连锁网点用农民需要的工业品换取农民生产的农副产品,商品各自作价,等价交换,自愿平等,诚信公平。这样,企业既可扩大工业品的销售,占领农村市场;又可收购到农副产品,满足企业在城镇的网点对农产品销售的需要,从而扩大企业经营规模。

2. 赊销

在农事季节,农民需要购买种子、肥料等农业生产资料,而此时往往又是农民"青黄不接"、手头缺钱的时候。农村连锁网点可根据农民的需要,组织相应的产品赊销给农民,等农民收获之后再付款。这可能占压企业较多的流动资金,增加财务成本。解决这个问题可考虑在赊销给农民的产品价格上,与农民进行开诚布公的商讨,做到互利双赢。

3. 订单购销

订单购销的好处主要是能够建立相对稳定的购销渠道,保证供应链的衔接。可采用两种形式:①企业向农民订购。对于本企业用于销售或提供给生产企业所需要的农副产品,在农民下种前就与农民签订收购合同,指导农民组织生产。在收获季节,企业按合同收购农民的产品,支付给农民现金。②农民向企业订购。农民根据自己种植养殖或生活所需要的产品情况,委托企业连锁网点代为购买,网点再按市场价格出售给农民,满足农民生产生活需要。

农村连锁企业业务经营范围创新。农村消费者在空间分布上不集中，有些还生活在偏远山区，生产生活的需要使这些农民的消费具有多样性。从现实上看，农民购买生产生活用品，特别是"大件商品"存在很多困难，而企业设立连锁网点的成本高，农民需求类别多而数量小，取得效益很不容易。如果农村连锁网点单纯从事农副产品收购或仅向农民提供传统意义上的生产生活用品，经营传统的商业业务，显然不能很好地满足农民的消费需求，企业的效益也可能受到影响，必须拓展新的业务。可采用如下方式：

（1）"一网多用"。"一网多用"可以解决农村流通及服务网点少而带来的消费不便问题。企业在农村设立连锁网点，从事农资、日用品、农副产品购销业务。同时，与电信合作经营手机、手机充值卡业务；与银行合作在店内设自动取款机；与农村医疗机构合作，设立药品专柜；与电力部门合作，代收农民电费；与书籍批发商合作，代售各类图书等，充分发挥网点为农民提供全方位服务的作用。

（2）经营服务一体化。农村连锁网点除了出售商品外，还提供相关的服务，如出售电视机、手机等，为农民提供维修和保养；出售种子、肥料等，为农民提供科学使用方法指导；出售药品，请专业医生为农民提供咨询；包括部分商品的退换货等，以解决农民购买的后顾之忧。

二、旅游业的创业

随着人民生活水平的提高，生活节奏的加快，越来越多的城市居民向往到安静的农村放松休息。双休日、端午节、中秋节等节假日，人们纷纷涌向乡村、田园，"吃农家饭、住农家屋、做农家活、看农家景"成了农村一景。

发展观光旅游业，投入可大可小。从小本经营角度出发，就是要充分利用现有的资源，优美的自然环境、丰富的农业资源、较为宽裕的自住房、便利的交通吸引游客。当然，最为重要的是有自己鲜明的特色。

农家乐与观光农业是相辅相成的,你中有我,我中有你,为了介绍方便,我们采用统分结合的方式来叙述。

(一) 我国观光旅游农业的发展现状

在北京、上海、江苏和广东等地的一些大城市近郊,出现了引进国际先进现代农业设施的农业观光园,展示电脑自动控制温度、湿度、施肥、无土栽培和新农特产品生产过程,成为农业生产科普基地。如上海旅游新区的孙桥现代农业园地、北京的锦绣大地农业观光园和珠海农业科技基地。近几年,由于人民群众的休闲需求,加上党和政府的积极引导和扶持,观光旅游农业在我国蓬勃发展起来。

(二) 我国观光旅游农业的发展前景

(1) 观光农业投入少、收益高。观光农业项目可以就地取材,建设费用相对较小,而且由于项目的分期投资和开发,使得启动资金较小。另一方面,观光农业项目建设周期较短,能迅速产生经济效益,包括农业收入和旅游收入,而两者的结合使得其效益优于传统农业。例如:农产品在采摘、垂钓等旅游活动中直接销售给游客,其价格高于市场价格,并且减少了运输和销售费用。

(2) 我国地域辽阔,气候类型、地貌类型复杂多样,拥有丰富的农业资源,并形成了景观各异的农业生态空间,具备发展观光农业的天然优势。

(3) 观光农业的一大特征是它体现了各地迥异的文化特色。我国农业生产历史悠久,民族众多,各个地区的农业生产方式和习俗有着明显的差异,文化资源极为丰富,为观光农业增强了吸引力。

观光农业是旅游这一朝阳行业中最有潜力的部分,在未来几年中将有巨大的市场机遇。

(三) 农家乐的经营

开办农家乐投入少,门槛不高,利用自家的一些设施就可以开门揽客，但想把农家乐做大做强，却并不是一件容易的事情。

（1）找准市场需求、突出乡土特色。因为农家乐传播的是乡土文化，体现的是淳朴自然的民风民俗，盲目追求豪华高档，简单地把城里的一些娱乐项目搬下乡并不可取，必须依托当地文化，因地制宜。如春天组织游客踏青、欣赏田园风光，夏天到山林采蘑菇、避暑，秋天进果园摘果尝鲜，冬天到山野玩雪，赏雪景等。让游客参与到当地特有的农村日常生产生活中，品味原汁原味的农村地域文化，这是一种独特的经营方法。

（2）确定消费群体、提高服务质量。目前，选择农家乐这种旅游方式的一般都是中等能力的消费者。为此，农家乐所提供的消费服务要突出农家特色，价位要适度。尤其要注重饮食、住宿、卫生和环境安全，让游客吃得放心、玩得开心，乐于回头。

（3）找准发展方向、提倡产业经营。目前很多农家乐还是以散户农闲时经营为主，难显其优势。农家乐必须走产业化的路子，以村或者散户联合的形式，组成农家乐生态旅游村。联合接待，共同经营，相互依存，使旅游致富的蛋糕越做越大，农家乐才能真正"乐"农家。

简言之，开办农家乐的要诀是如何将游客吸引过来，并且使游客下次还来。

1. 创办农家乐的相关程序

各个地方创办农家乐的程序不一样，需要向当地有关部门咨询，一般有如下三项程序。

（1）对有条件、符合当地农家乐规划和区域布局，有意从事农家乐的业主，可向当地乡镇有关部门提出申请，初审后报县农家乐发展综合协调小组办公室（办公室一般设在县旅游局）；

（2）县农家乐发展综合协调小组办公室对照申办条件审核后，出具审核意见书；

（3）业主凭审核意见书到卫生、工商、税务部门办理相关证照：

①卫生局领取卫生许可证——工商部门办理营业执照——税务部门税务登记。

②规划部门备案——土地部门临时用地备案——水利部门备案——林业部门备案。

③环保部门审核、消防部门审核、其他部门审核。

④证照齐全后，经业主申请，县农家乐评定委员会给予认定，符合条件后颁发农家乐标牌和证书，即可营业。

2. 创办农家乐需注意的一些事项

从经济利益等方面考虑，农家不可能聘请专业厨师，更不可能去学习专业厨艺技能。但餐饮服务的水平又直接影响着农家乐旅游的发展，一般应注意以下几点：

（1）服务人性化。勤劳简朴、热情好客是中华民族的传统美德，特别是远离市场竞争的乡村，村民大多心地善良、淳朴憨厚。但是随着游客数量和接待次数的增加，许多开展农家乐旅游的家庭住户的管理人员（一般是户主）服务水平不高，服务意识不足，往往会造成无论是哪位客人的要求、不管是什么要求、能不能够达到的要求都满口答应。但是由于农家住户服务人员较少，一旦忙起来，客人的要求不能够及时满足或者先满足了那些无关紧要的要求，就会给客人不好的印象。其实，农家乐的服务人员不能一味迁就客人而勉强为难自己，而要学会合理拒绝客人，尤其是在现有条件下很难满足的要求。同时在客人用餐时，服务人员不能走远，要及时为客人提供服务。

（2）器具统一化。与居家自用不同，游客用餐讲究的是协调与舒适。但许多农家乐餐馆使用餐桌、餐椅、餐具并不统一，往往在同一家可以看见颜色式样各异的桌子和椅子，一个餐桌上可以看到大大小小的盘子、高高低低的碗，塑料的、搪瓷的、铁质的一起上，给人以不整洁之感。因此，农家乐需要根据自己的接待能力配备相应数量的餐具和器皿，如果使用具有地方特色的餐具效果会更好。

（3）卫生安全化。在农家乐的厨房里，生菜与熟菜要分开放置，饮用水源和清洁水要分开，放置面粉、米、油、调料等的储藏间也要防潮、防鼠、防霉变，同时仓库要禁止外人出入。

自然的家庭氛围，质朴的生活方式，文明的休闲内容，是农家乐吸引游客的特色。农家乐要吸引客人，用餐环境必须干净整洁，最好是有专门的餐厅，条件不好的也可以将自家庭院开辟出来，但需要做好灭蝇、灭蚊、防尘、防风沙等工作。另外，用餐不是越高档越好，菜的价格并不是越贵越好。农家乐的菜肴应以民间菜和农家菜为主，一定要突出自己民间、农家的特色，并且要在此基础上有所发展和创新。"农家乐"的菜肴要立足农村，就地取材，尽量采用农家特有的、城里难以见到的烹饪原料。除了农村特有的土鸡、土鸭、老腊肉、黄腊丁以及各种时令鲜蔬外，还应广泛采用各种当地土特产。

另外，在炊具的选择上，还可以采用当地传统的炊具，如鼎罐、饭甑等，这样更具农家特色。

（4）"农家乐"的主食也应该充分体现出农家的特色。例如，"农家乐"的米饭就不应该是纯粹的大米饭，而应该做成诸如"玉米粒焖饭"、洋芋饭、糯米饭等。除了用电、燃气等烹煮外，还可以用柴火。

（四）观光农业

1. 观光农业的含义

观光农业是指广泛利用城市郊区的空间、农业的自然资源和乡村民俗风情及乡村文化等条件，通过合理规划、设计、施工，建立具有农业生产、生态、生活于一体的农业区域。由最初沿海一些地区城市居民对郊野景色的游览和果蔬的采摘活动，快速发展为全国范围内的观光农业的全面建设。

观光农业以观光、休闲、采摘、购物、品尝、农业体验等为特色,既不同于单纯的农业,也不同于单纯的旅游业,系具有集旅游观光、农业高效生产、优化生态环境、生活体验为一体的旅游休闲方式。它主要有以下几种形式。

(1) 观光农园。在城市近郊或风景区附近开辟特色果园、菜园、茶园、花圃等,让游客入内摘果、拔菜、赏花、采茶,享受田园乐趣。这是国外观光农业最普遍的一种形式。

(2) 农业公园。即按照公园的经营思路,把农业生产场所、农产品消费场所和休闲旅游场所结合为一体。

(3) 民俗观光村。下面我们来看看因观光旅游而致富的乡村。重庆市大足县化龙乡,原系该县偏僻乡,自从农户罗登强承包土地广种荷花,自建"荷花鱼山庄"开始,该乡发生了翻天覆地的变化。罗氏"荷花鱼山庄"种莲藕、睡莲300亩,每年可收获莲藕近50万千克,价值70余万元;睡莲、荷花出口和内销,年收入15万余元;种各种果树近万株,产果30万千克,荷田养鱼年产0.80万千克。年接待中外游客4万余人次,餐饮收入130余万元。"荷花鱼山庄"年总收入可达215万元以上,与300亩稻谷生产(亩产价值320元计)年收入10万元比较,实现了20余倍的经济效益。

2. 发展观光农业的条件

(1) 发展观光农业要有较丰富的农业资源基础。农业资源是农业自然资源和农业经济资源的总称。农业自然资源含农业生产可以利用的自然环境要素,如土地资源、水资源、气候资源和生物资源等。农业经济资源是指直接或间接对农业生产发挥作用的社会经济因素和社会生产成果,如农业人口和劳动力的数量和质量、农业技术装备、交通运输、通信、文教和卫生等农业基础设施等。

(2) 发展观光农业要有较丰富的旅游资源。观光农业的开发与本地旅游发展的基础密切相关。旅游发展条件良好的地区,其旅游业的发展带来大量的游客,才会有较多的机会发展观光农业。在分析区域旅游发展基础时,应着重考虑旅游资源的类型、特色、资源组合、资源分布及其提供的旅游功能，同时注意外围旅游资源的状况。

（3）发展观光农业要有较明确的目标和市场定位。观光农业是按市场动作，追求回报率的，任何观光产品都应该具有市场卖点。就我国当前发展趋势来看，观光农业主要客源为对农业及农村生活不太熟悉又对之非常感兴趣的城市居民。因此，观光农业首先应当作为城市居民休闲的"后花园"，即市民利用双休日、假期进行短期、低价旅游，作为休闲娱乐、修身养性的好去处。

（4）发展观光农业要有明确的区位选择。区位因素与游客数量具有正相关关系。成功的观光农业园应该选择以下几种区位：①城市化发达地带，具有充足的客源市场。②特色农业基地，农业基础比较好，特色鲜明。③旅游景区附近，可利用景区的客源市场，吸引一部分游客。④度假区周围，开展农业度假形式。

第四章 选择农业创业致富的项目

农业创业不是光凭一腔热血和美好梦想就能顺利成功的,创业者在创业开始就要尽量寻找合适的而非最好的创业项目,学会经营、参与竞争、控制风险,在市场中争得一席之地,毕竟适脚的鞋子穿着才最舒服。

第一节 选择农业创业项目要遵循的原则

创业者选择农业创业项目是一个艰难的抉择过程,一定要细致全面、小心谨慎、科学合理。具体而言,选择农业创业项目应注意遵循以下五个基本原则:

一、要选择国家政策鼓励和支持并有发展前景的行业

若开创自己的事业和创办自己的企业,就要知道哪些农业行业是国家政策鼓励和支持发展的,哪些农业行业是允许发展的,哪些农业行业是受限制的,哪些农业行业是不允许发展的等。我们一定要选择国家政策鼓励和支持,并有发展前景的农业行业作为自己的创业项目,这样创业的道路才能越走越宽越远,绝不能够只看现时,不能因短期的利益驱动而误入创业歧途。例如,有些产品表面上看起来很红火,但它也许已经受到许多政策的限制,如果有人进入,则很有可能失败,甚至血本无归。

二、坚持创新,做到"人无我有、人有我优、人优我特"

创新是企业的生命,也是创业成功的关键,选择农业创业项目时要注意切忌"跟风"。目前,市场上不是缺乏普通的商品和一般的劳务,而是缺乏特殊的商品和特殊的服务。创业者只有加强市场调研,刺激和创造需求,抢占先机、出奇制胜,生产适合需求的新的具有特色的产品和服务,才能使创办的企业得以立足和持续发展。

三、要认真进行市场调研,适应社会需求

创业者不要光凭想象、冲劲、理念做事,必须树立这样一个观点,即"顾客是上帝",没有满意的顾客就没有企业的存在和发展。因此选择农业创业项目要进行市场调查和研究,特别是第一次创业时,创业者更要做详细的市场调研,要了解市场究竟需要什么,需要多少,谁会来购买你的产品或服务,有多少人来购买,竞争对手有哪些等。著名管理大师法雷尔说过:"制造满足顾客需要的产品和服务,是永远成功的秘诀。"

四、利用优势和长处,干自己有兴趣的、熟悉的事

创业一定要选择自己熟悉的行业,而且一旦确定创业项目就要坚持下去,不能半途而废。"做熟不做生"这话很有道理,每一个人都有自己的长处和优势。例如,有的人对某一行业、某一领域、某种产品比较熟悉,有的人在技术上有专长,有的人有某种兴趣爱好,有的人善于公关和沟通等,这些就是每个人自己的长处,选择创业项目时要能充分发挥自己的长处和优势,要注意选择自己有兴趣和熟悉的项目。

五、要量力而行,从干小事、求小利做起

创业是一种有风险的投资,必须遵循量力而行的原则。俗话说

"适合的就是最好的",创业者要认真分析自己的条件,包括资金、资源、能力、合作伙伴、专业技能等,量力而行,不能好高骛远。对于创业者来说,是拿自己的血汗钱去创业,创业之初应该尽量避免风险大的事情,而应该将为数不多的资金投到风险较小、规模也较小的事业中去,先赚小钱,再赚大钱,聚沙成塔,滚动发展。俗话说"不以善小而不为",创业要遵循从无到有、从小到大的原则,要从干小事、求小利做起。

第二节 选择农业创业项目的方法

农业创业项目是在不断变化的,好的农业创业项目由于竞争会变成不好的项目,原来赔钱的农业创业项目,由于被人们接受也可能变成赚大钱的项目。正所谓商无定势,顺势而为,乃不败之大道。

一、大胆发现——海阔天空

农业创业项目,市场机会是客观存在的,关键是你有没有敏锐的眼光认识和发现它。

1. 农业创业者的实际技能

农业创业者的实际技能就是指农业创业者擅长做的事情,从自己擅长的领域寻找和发现创业项目,做自己熟悉的事情至少在技术或人脉关系上不会比别人差,比如:

(1) 做过农产品生意。

(2) 做过农业技术开发。

(3) 做过农业企业管理。

(4) 特别会种水稻。

(5) 特别会种蔬菜。

(6) 特别会养殖水禽。

(7) 特别会养猪。

这些经历其实都可以为你提供许多创业思路,并且可能成为你今后创业道路上不可缺失的资源。

(1) 如果你做过生意,熟知商业流通领域里边的价值环节,掌握许多曾经的顾客或商家资源,那么你现在可以试着寻找一些商业销售的创业项目,可以是某个农产品独家代理、经销,或者批发和零售,因为这些事情对你来说是轻车熟路。

(2) 如果你做过农业企业经理人,那么你可以组织经营管理团队,通过购买种子的专营权项目,或其他现成并具有优势的农业创业项目开创自己的事业。

记住,尽管自己擅长的领域可以避免许多失误,但你擅长的东西别人或许比你更强。

2. 农业创业者的兴趣爱好

(1) 喜欢种菜。

(2) 喜欢养花。

(3) 喜欢饲养动物。

(4) 喜欢做买卖。

(5) 喜欢玩乐。

这些喜欢都是一种兴趣,有了兴趣加上有了市场需要,你就可以按照你的兴趣选择你的创业项目。

3. 农业创业者的经历经验

(1) 某人曾帮别人打工种食用菌长达五年之久,而且成为技术能手,那么这个人就有了种植食用菌的经验。

(2) 某人曾在一所农校养猪培训班进修一年并到一家大型养猪场实习3个月,应该说这个人就有了养猪的经验。

如果这两个人都想创业,前者就应该选择种植食用菌的创业项目,后者选择办一个养猪场的创业项目。

周倩是一位湖北沙洋的农村打工妹,在武汉市的大型连锁超市打工七年,并当上农产品采购部的经理。她从理货员到收银员,再到采购部经理,可以说对农产品的进货价格、进货渠道及需要量了如指掌。她最终辞去了采购部经理,回到她的家乡开始了农产品收购加工的创业之路,几年后成立了当地小有名气的农业产业化龙头企业。

4. 农业创业者的人脉关系

农业创业者的人脉关系,包括创业者的家人、亲戚、老师、同学、同事、朋友等,不同的创业者有不同的人脉关系。良好的人脉关系,创业者可以从他们那里获取:

(1) 创业信息。

(2) 创业建议。

(3) 创业帮助。

有一位创业者叫张××。她的一个亲戚在一个大城市里开了好几家专门经营酱菜的连锁店,生意做得红火。她的亲戚就建议张××要么在农村租用土地种植做酱菜的原料,要么办一个酱菜加工厂,如果有能力的话还可以既租用土地生产酱菜原料,同时又开办酱菜加工厂。张××充分利用了这一人脉关系,在这个大城市的近郊租用了150亩地专门生产酱菜原料,并进行酱菜的加工,专门供给自己的亲戚,不到3年功夫,净赚了30多万元。

5. 农业创业者所处的自然资源环境

农业创业者所处的自然资源环境主要包括:

(1) 土地资源。

(2) 水域资源。

(3) 山林资源。

(4) 生物资源。

(5) 温、光等气候资源。

(6) 其他独特资源。

[案例1] 李×长年在广州打工,挣了不少钱。前年,他回乡探亲,发现他们村大量劳动力外出打工,使得300多亩土地长期荒芜。他灵机一动,决心回乡创业,用很低廉的价格长期租用了这些土地进行种植业方面的生产,并利用自己在广州打工学来的管理经验和在大城市生活多年所了解的市民对农产品的需求,专门生产特色农产品,其收入是以前在外打工的3倍多。

[案例2] 王×以前在城里的一个水产品市场开店。在一个偶然的机会,从一个朋友口中得知他的老家有一大片水域从来没有被利用,王×立即萌发了想承包这片水域的念头,便找水产专家咨询,得知这片水域特别适合养殖水禽。于是,她用很低的租金与该村村委会签订了长期包租的协议从事水禽养殖创业项目,而获得成功。

[案例3] 陈××长年在自己的5亩承包田种植水稻,一年到头,没什么积蓄。有一次,他参加了一个县里举办的农民创业培训班。通过培训,他猛然想到本村的一个荒山上长有一种特有的中药材,于是他先找几家中药材厂了解收购行情和市场需求后,立马回到村里包下了这座200多亩的荒山开始种植中药材创业项目。经过5年努力,他又承包了附近村的3座荒山,种植中药材面积800亩,年纯收入40多万元。

二、冷静分析——知己知彼

1. 分析农业创业项目的外部环境

农业创业项目的外部环境是创业者难以把握和不可控制的外部因素,是一种不断变化的动态环境。例如:

(1) 消费者的偏好及其变化。
(2) 政策法规的变化。
(3) 市场结构的变化。
(4) 新技术革命带来的生产过程的变化。

外部因素极为纷繁复杂,各种因素对创业活动所起的作用又各不相同,并且在不同的客观经济条件下,这些因素又以不同的方式组合成不同的体系,发挥不同的作用,但对于分析农业创业项目很重要。

记住,要尽可能地通过各种信息渠道收集、整理、分析外部环境资料和数据。

2. 分析农业创业项目的市场

准确的市场分析是选择好农业创业项目的前提,最主要的是要分析市场需求。

市场需求状况具体包括产品的:

(1) 需求总量。

(2) 需求结构。

(3) 需求规律。

(4) 需求动机。

记住,市场需求状况将决定未来创业活动的生产经营状况,产品没有市场需求是不可能做到生意兴隆、企业兴旺的。

3. 分析农业创业的资源

没有资源是实现不了任何项目的,创业项目当然也不例外。对于创业者来说,现有资源是必须了解和考虑的重要问题,通常包括土地、资金、技能、人际关系、设施设备等。

4. 分析农业创业的竞争对手

创业者对竞争对手的情况必须做好充分的调查了解,这是在开展创业活动时必不可少的一项准备工作。主要了解现有竞争对手的:①数量。②经营状况。③优势和弱势。④竞争策略。⑤潜在竞争对手。

记住,分析竞争对手,既有助于创业者摸清对手的情况,又能学习和借鉴竞争对手的长处、经验和教训。竞争对手可以成为创业者最好的老师,从而不断提高自己,增强竞争能力。

5. 分析农业创业项目的投资效益

创业者对农业创业项目的投资效益分析具有重要的意义。通过分析下列因素，并结合产品的市场价格以及变化趋势，计算出投资成本和投资产出，从而就可以看出投资效益是多少，能不能盈利。①设施的总造价。②设备的总投资。③为创办企业应该缴的各种费用。④产品的原料价格。⑤生产工人和管理人员的工资。

记住，只要能盈利，你创办的企业就能生存和发展。

三、仔细筛选——权衡利弊

1. 获利性

创业的目的是要获利，农业创业也不例外。只有产生一定利润的创业项目才会有投资价值并可能获得成功。

(1) 通常一些成熟的行业，传统的项目，其竞争已经到了白热化的程度，利润也逐渐趋于平均。由于同行采用价格战的竞争，其利润空间已经很小，如果贸然进入，几乎没有胜算的可能。

(2) 只有选择新的创业项目，避开与成熟产品的正面竞争，从而获取高额的利润。所以筛选项目应该首先考虑是否获利。

2. 新颖性

创业项目的新颖性是有效规避市场竞争的首要条件。农业创业项目的筛选应从几方面来考证：①市场的盲点。②市场的空白点。③市场的制高点。

只有这样才能开辟新的市场，赢得新的顾客，获取行业利润。

3. 成长性

任何一个行业，都会经历起步、鼎盛和衰退三个过程。

问题是你的农业创业项目是处在这个行业的哪个阶段。

(1) 如果是处在起步阶段，就具有一定的成长性，因为行业发展还不成熟，所以风险性很高，但其项目的利润空间很大。

（2）如果你的项目正值行业的鼎盛阶段，行业发展已趋成熟，相对风险较小，但行业竞争激烈而利润微薄。

（3）如果你的项目已经处在行业的衰退阶段，说明不仅风险高，而盈利也几乎不可能。

4. 未来性

未来性就是指项目眼下还看不出什么眉目，但它可能是一种社会发展的必然趋势，随着时间的推移，它必然会盛行。

（1）有的行业随着时间的推移，在市场经济条件下，会越来越小，甚至会逐渐消失。比如，盛行一时的麦客，随着农业机械化的普及，很快就会消失。

（2）有些行业，随着时代的进步，会越来越流行。比如，农村电子商务，现在看起来在农村推行很困难，要不了多久，将会在农村普及和盛行。

5. 操作性

你选择的农业创业项目的操作难度大不大。有很多项目投资确实不大，操作难度却非常大，比如：①直销。②保险。③电子商务。④职业培训。

这些行业相对来说投入资金都不大，但投入的精力大，开始的收获不大。因此需要比常人更坚强的意志和坚持。

在选择项目时，还要清楚自己的性格和人脉适不适合干这一行。

四、科学求证——理论支撑

初选的农业创业项目通过筛选后，要再进行科学求证。

通常采用的方法是 SWOT 分析法，也是市场机会评估法。SWOT 由以下四个英文单词的首字母组合而成：即对农业创业项目进行优势、劣势、机会和威胁的分析和求证。

（1）优势（Strength）是指你所创办事业的长处。例如，你的产品比竞争对手的好;你的商店的位置非常有利;你有独特的技术等。

(2) 劣势(Weakness)是指你所创办的事业的弱点。例如,你资金不足;你对市场毫无经验;你的进货成本比较高等。

(3) 机会(Opportunity)是指周边环境中对你创业有利的事情。例如,你所在的地区经济发展越来越好,流入的人口越来越多,人们的购买力越来越高,对你的产品需求更大了;国家出台了新的政策,有利于你的产品的发展。

(4) 威胁(Threat)是指周边环境中对你创业不利的事情。例如,原材料价格上涨;国家出台新的政策,提高了对产品的质量要求;金融危机导致人们购买力下降或持币待购。

做完SWOT分析后,你就能对这些机会进行评估、选择,并做出最后的决定:

(1) 坚持原先的想法,进行全面的可行性研究。

(2) 修改原先的想法。

(3) 完全放弃原先的想法,重新寻找。

第三节 选择农业创业项目的影响因素

创业者选择农业创业项目是一项比较复杂的决策活动,需要考虑多种影响因素,其中最主要的有以下5点。

一、创业者的市场眼光

农业创业项目哪里多,哪里少,这是一个辩证的问题,需要用辩证的眼光去看待。客观地说,农村相对落后,随着我国农业经济的发展以及越来越与国际接轨,农业创业项目选择的机会大大增多。再说得绝对一点,有人群的地方就有创业项目,这就要看创业者有没有商业眼光去把握住。

二、创业者的兴趣

兴趣是最好的老师。创业者只有选择他喜欢做又有能力做的事情，才会投入最大的热情，自觉地、全身心地投入到工作中去，并忘我地工作，才会迸发出惊人的创造力，才可能在困境挫折来临时依然有足够的耐心和信心坚守下去，千方百计地克服困难，直到创业成功。

三、创业者的特长

俗语说，隔行如隔山。创业者真正想创业，又希望比较有把握的话，应该在自己熟悉的行业里选择农业创业项目，一定要对该行业愈熟愈好，这样做起来比较容易上手，最起码不会那么轻易失败，也才能提高创业成功率。

四、创业项目的市场机会

市场是最终的试金石。农业创业项目的选择必须以市场为导向，也就是说选择农业创业项目时不能凭自己的想象和主观愿望，而应该从市场需求出发，确定创业项目市场机会的空间大小，空间越大，创业成功的可能性也就越大。

五、创业者能够承受的风险

明枪易躲，暗箭难防。在整个创业过程中，风险无处不在，许多不可控制的因素都可能成为创业路上的绊脚石。创业者把资金投入进去，谁也无法保证一定能成功、一定能够赚钱、一定能够长盛不衰。因此，在选择农业创业项目时，无论创业者对项目有多大的把握，都必须考虑"未来最大的风险可能是什么"，"最坏的情况发生时，我能不能承受"等问题，如果答案是肯定的，那么，只要项目的预期回报符合你的预期目标，就可以进行投资创业。

第四节　农业创业优先选择的项目

推进现代农业建设是解决好"三农"问题的必然要求,它能有效地提高农业综合生产能力,增强种养业的竞争力,促进农村经济的发展,快速增加农民收入。现代农业创业有许多项目可以选择,归纳起来,大概有以下六大方面的项目:

一、设施农业创业项目

设施农业创业项目是指在不适宜生物生长发育的环境条件下,通过建立结构设施,在充分利用自然环境条件的基础上,人为地创造生物生长发育的生态条件,实现高产、优质、高效的现代化农业生产方式。

农业生产是依靠动植物的自然繁殖机能及生长发育功能来完成的特殊生产过程,因而农业历来是一个受自然因素影响最大的产业。随着社会经济和科学技术的发展,农业这一传统产业正经历着翻天覆地的变化,由简易塑料大棚和温室发展到具有人工环境控制设施的自动化、机械化程度极高的现代化大型温室和植物工厂。当前,设施农业已经成为现代农业的主要产业形态,是现代农业的重要标志。

设施农业主要包括设施栽培和设施养殖。设施栽培目前主要是蔬菜、花卉、瓜果类的设施栽培,设施栽培技术不断提高发展,新品种、新技术及农业技术人才的投入提高了设施栽培的科技含量。现已研制开发出高保温、高透光、流滴、防雾、转光等功能性棚膜及多功能复合膜和温室专用薄膜,便于机械化卷帘的轻质保温被逐渐取代了沉重的草帘,也已培育出一批适于设施栽培的耐高温、弱光、抗逆性强的设施专用品种,提高了劳动生产率,使栽培作物的产量和质量得以提高。下面是主要设施栽培装备类型及其应用简介。

(1) 小拱棚。小拱棚主要有拱圆形、半拱圆形和双斜面形三种类型。主要应用于春提早、秋延后或越冬栽培耐寒蔬菜，如芹菜、青蒜、小白菜、油菜、香菜、菠菜、甘蓝等；春提早的果菜类蔬菜，主要有黄瓜、番茄、青椒、茄子、西葫芦等；春提早栽培瓜果的主要栽培作物为西瓜、草莓、甜瓜等。

(2) 中拱棚。中拱棚的面积和空间比小拱棚稍大，人可在棚内直立操作，是小棚和大棚的中间类型。常用的中拱棚主要为拱圆形结构，一般用竹木或钢筋做骨架，棚中设立柱。主要应用于春早熟或秋延后生产的绿叶菜类、果菜类蔬菜及草莓和瓜果等，也可用于菜种和花卉栽培。

(3) 塑料大棚。塑料大棚是用塑料薄膜覆盖的一种大型拱棚。它和温室相比，具有结构简单，建造和拆装方便，一次性投资少等优点；与中小棚比，又具有坚固耐用，使用寿命长，棚体高大，空间大，必要时可安装加温、灌水等装置，便于环境调控等优点。主要应用于果菜类蔬菜、各种花草及草莓、葡萄、樱桃等作物的育苗；春茬早熟栽培，一般果菜类蔬菜可比露地提早上市20～30天，主要作物有黄瓜、番茄、青椒、茄子、菜豆等；秋季延后栽培，一般果菜类蔬菜采收期可比露地延后上市20～30天，主要作物有黄瓜、番茄、菜豆等；也可进行各种花草、盆花和切花栽培，草莓、葡萄、樱桃、柑橘、桃等水果栽培。

(4) 现代化大型温室。现代化大型温室具备结构合理、设备完善、性能良好、控制手段先进等特点，可实现作物生产的机械化、科学化、标准化、自动化，是一种比较完善和科学的温室。这类温室可创造作物生育的最适环境条件，能使作物高产优质。主要应用于园艺作物生产上，特别是价值高的作物生产上，如蔬菜、鲜切花、盆栽观赏植物、园林设计用的观赏树木和草坪植物以及育苗等。

设施养殖目前主要是畜禽、水产品和特种动物的设施养殖。近年来，设施养殖正在逐渐兴起。下面是设施养殖装备类型及其应用简介。

（1）设施养猪装备。常用的主要设备有猪栏、喂饲设备、饮水设备、粪便清理设备及环境控制设备等。这些设备的合理性、配套性对猪场的生产管理和经济效益有很大的影响。由于各地实际情况和环境气候等不同，对设备的规格、型号、选材等要求也有所不同，在使用过程中须根据实际情况进行确定。

（2）设施养牛装备。主要有各类牛舍、遮阳棚舍、环境控制、饲养过程的机械化设备等，这些技术装备可以配套使用，也可单项使用。

（3）设施养禽装备。现代养禽设备是用现代劳动手段和现代科学技术来装备的，在养禽特别是养鸡的各个生产环节中使用，各种设施实现自动化或机械化，可不断地提高禽蛋、禽肉的产品率和商品率，达到养禽稳定、高产优质、低成本，以满足社会对禽蛋、禽肉日益增长的需要。主要有以下几种装备：孵化设备、育雏设备、喂料设备、饮水设备、笼养设施、清粪便设备、通风设备、湿热降温系统、热风炉供暖系统、断喙器等。

（4）设施水产养殖装备。设施水产养殖主要分为两大类：一是网箱养殖，包括河道网箱养殖、水库网箱养殖、湖泊网箱养殖、池塘网箱养殖；二是工厂化养鱼，包括机械式流水养鱼、开放式自然净化循环水养鱼、组装式封闭循环水养鱼、温泉地热水流水养鱼、工厂废热水流水养鱼等。

目前，设施农业的发展以超时令、反季节生产的设施栽培生产为主，它具有高附加值、高效益、高科技含量的特点，发展十分迅速。随着社会的进步和科学的发展，我国设施农业的发展将向着地域化、节能化、专业化发展，由传统的作坊式生产向高科技、自动化、机械化、规模化、产业化的工厂型农业发展，为社会提供更加丰富的无污染、安全、优质的绿色健康食品。

二、规模种养业创业项目

随着我国现代农业的加快发展,家庭联产承包经营与农村生产力发展水平不相适应的一面日益突出,具体表现为四大矛盾:农户超小规模经营与现代农业集约化生产之间的矛盾,农民的恋土情结与土地规模经营的矛盾,按福利原则平均分包土地与按效益原则由市场机制配置土地的矛盾,分散经营的小农生产与日趋激烈的市场竞争和社会化大生产要求的矛盾。我国农户土地规模小,农民经营分散、组织化程度低,抵御自然和市场风险的能力较弱,很难设想在以一家一户的小农经济的基础上,能建立起现代化的农业,可以实现较高的劳动生产率和商品率,可以使农村根本摆脱贫困和达到共同富裕。我国养殖业生产目前也仍然是以分散经营为主,大多数农户技术水平低,竞争能力弱。

为了应对日益激烈的市场竞争,国内外走向联合生产与经营的案例已很常见,因为它便于集中有限的财力、人力、技术、设备,形成规模优势,提高综合竞争力。因此,发展现代农业生产必须大力发展规模化的种养业生产,打破田埂的束缚,让一家一户的小块土地连成一片,有效地把个体农民组织在一起,进行规模化经营,使低效农业变为高效农业,特别是在大中城市的郊区和一些条件比较好的平原地区,这种规模化生产既是必要的也是可能的,是农业创业的重要选择项目。

"一村一品"发展的思路,就是很好的规模种养殖业创业项目的选择,也就是要培育一批特色明显、类型多样、竞争力强的专业村、专业乡镇。

例如,江苏省如东县玉潭村依托棉花种植的传统优势,统一布局、统一品种、统一配套技术、统一收购,三年间棉花单产提高了近20%,每公顷产量超过1 500千克,棉花种植效益大幅增加。江苏省沛县杨屯镇赵楼村养鸭协会为养鸭户实行"五统一"服务,即统一赊鸭苗、统一供饲料、统一培训技术、统一鸭病防疫、统一销售成鸭,农户每养一只鸭可赚2元多,一户一茬可养3 000只肉鸭,获纯利近7 000元,一年养6茬,收入4万多元,全村70%的农户靠养鸭致富。目前,杨屯镇养鸭业形成了"一户带多户、多户带全村、一村带多村、多村成基地"的格局,并由"一村一品"向"几村一品""几乡一品""一县一品"拓展。湖南省常德市积极培育乡村特色产业,涌现出"柑橘村""茶叶村""苎麻村"等639个专业村,从业农户近百万,专业村农民人均纯收入比全市农民人均纯收入高出很多。可见,发展规模种养业,要以市场为导向,以推进农业规模化为主攻方向,把高效农业规模化作为发展现代农业的首要工程,突出做强特色、做大规模,大力发展水果、畜牧、蔬菜等农业优势产业,从"一村一品"向"一乡一品""一县一业"发展,形成一批优势产业带。

三、休闲观光农业创业项目

休闲观光农业是一种以农业和农村为载体的新型生态旅游业,是把农业与旅游业结合在一起,利用农业景观和农村空间吸引游客前来观赏、游览、品尝、休闲、体验、购物的一种新型农业经营形态。

近年来,伴随全球农业的产业化发展,人们发现,现代农业不仅具有生产性功能,还具有改善生态环境质量,为人们提供观光、休闲、度假的生活性功能。随着人们收入的增加,闲暇时间的增多,生活节奏的加快以及竞争的日益激烈,人们渴望多样化的旅游,尤其希望能在典型的农村环境中放松自己。休闲观光农业主要是为那些不了解农业、不熟悉农村,或者回农村寻根,渴望在节假日到郊外观光、旅游、度假的城市居民服务的,其目标市场主要是城市居民。休闲观业的发展，不仅可以丰富城乡人民的精神生活，优化投资环境等，而且达到了农业生态、经济和社会效益的有机统一。具体来讲，发展休闲观光农业有以下作用。

（1）有利于拓展旅游空间，满足人们回归大自然的愿望。随着收入的增加，人们不再仅仅满足于衣食住行，而转向追求精神享受，观光、旅游、度假活动增加，外出旅游者和出行次数越来越多。一些传统的风景名胜、人文景观在旅游旺季往往人满为患、人声嘈杂。休闲观光农业的出现，迎合了久居大城市的人们对宁静、清新环境和回归大自然的渴求。

（2）有利于实现农业的高产高效等目标。利用农业和农村空间发展观光农业，有助于扩大农业经营范围，促进农用土地、劳动力、资金等生产要素的合理调整，提高土地生产率和劳动生产率；同时又可以农业旅游为龙头，带动餐饮、交通运输、农产品加工等行业的发展，增加农业生产的附加值。

（3）有利于改善农业生态环境。休闲观光农业为招徕游客，除了在景点范围内营造优美的农业生态环境和农业景观场所外，必须绿化、美化周围地区的田园和道路，维护农业与农村自然景观，改善城乡环境质量。

休闲观光农业是把观光旅游与农业结合在一起的一种旅游活动，它的形式和类型很多。根据德、法、美、日、荷兰等国和我国台湾省的实践，主要形式有以下5种。

（1）观光农园，即在城市近郊或风景区附近开辟特色果园、菜园、茶园、花圃等，让游客入内摘果、拔菜、赏花、采茶，享受田园乐趣。这是休闲观光农业最普遍的一种形式。

（2）农业公园，即按照公园的经营思路，把农业生产场所、农产品消费场所和休闲旅游场所结合为一体。

（3）教育农园。教育农园是兼顾农业生产与科普教育功能的农业经营形态,以青少年学生为主要服务对象,提供农业认知、体验与相关教学服务。教育农园也是城市居民休闲度假、知识性旅游的一个理想去处。

(4)森林公园。森林公园是经过修整可供短期自由休假的森林,或是经过逐渐改造使它形成一定的景观系统的森林。

(5)民俗观光村。目前,全国各地已经涌现出一大批因地制宜,深入挖掘,展现当地文化、生产、生活习俗的民俗旅游村。有的地方建起了民俗博物馆、婚俗院等,有的推出了"住农家房、吃农家饭、做农家活、随农家俗"等活动。到民俗村体验农村生活,感受农村气息已成为今天都市人的一种时尚。

休闲观光农业作为新兴的行业,既能促进传统农业向现代农业转型,又能解决农业发展过程中的矛盾,也能提供大量的就业机会,还能够带动农村教育、卫生、交通的发展,改变农村面貌,是为解决我国"三农问题"提供的新思路。因此,可以预见,休闲观光农业这一新型产业必将获得很大的发展。

四、绿色农业创业项目

绿色农业是一种新的农业发展模式,是以可持续发展为基本原则,充分运用先进科学技术、先进工业装备和先进管理理念,以促进农产品安全、生态安全、资源安全和提高农业综合效益的协调统一为目标,把标准化贯穿到农业的整个产业链条中,推动人类社会和经济全面、协调、可持续发展的农业发展模式。简单地说,绿色农业就是创建和利用良好的生态环境,运用现代管理理念和科学技术,生产出足量的安全营养的农产品,实现全面、协调和可持续发展的农业发展模式。

绿色农业一般包括"三品",即无公害农产品、绿色食品和有机食品。无公害农产品是指产地环境、生产过程、产品质量符合国家有关标准和规范的要求,经认证合格获得认证证书并允许使用无公害农产品标志的未经加工或初加工的食用农产品,它的标志图案主要由麦穗、对勾和无公害农产品字样组成,麦穗代表农产品,对勾表示合格,金色寓意成熟和丰收,绿色象征环保和安全,无公害农产品的认证管理机关为农业部农产品质量安全中心。绿色食品是指遵循可持续发展原则,按照特定生产方式生产,经专门机构认定、许可使用绿色食品标志商标的无污染的安全、优质、营养类食品。绿色食品标志由3部分组成,即上方的太阳、下方的叶片和中心的花蕾,象征自然生态;其颜色为绿色,象征着生命、农业、环保;其图形为正圆形,意为保护。有机食品指来自有机农业生产体系,根据有机农业生产要求和相应标准生产加工,并且通过合法的、独立的有机食品认证机构认证的农副产品及其加工品。

绿色农业的发展目标,概括起来讲就是"三个确保、一个提高":确保农产品安全、确保生态安全、确保资源安全和提高农业的综合经济效益。

(1)确保农产品安全。农产品安全主要包括产品足够数量和产品质量安全,要能有效解决资源短缺与人口增长的矛盾,必须以科技为支撑,利用有限的资源保障农产品的大量产出,满足人类对农产品数量的需求。同时,随着经济发展,人们生活水平不断提高,绿色农业要加强标准化全程控制,满足人们对农产品质量安全水平的要求。

(2)确保生态安全。绿色农业通过优化农业环境,改善生态环境,强调植物、动物和微生物间的能量自然转移,确保生态安全。

(3)确保资源安全。农业的资源安全主要是水土资源的安全。绿色农业发展要满足人类需要的一定数量和质量的农产品,就必然需要确保相应数量和质量的耕地、水资源等生产要素。

随着环保意识的增强和绿色消费的兴起,消费者对绿色食品日趋青睐。顺应这一潮流，绿色农业在各地迅速发展。发展绿色农业还必须消除以下3个认识误区。

（1）认为绿色农业就是不施化肥、不喷农药的农业。绿色农业，是指以生产、加工、销售绿色食品为核心的农业生产经营方式。它是当今世界各国实施可持续发展农业目标时被广泛接受的模式。绿色农业以"绿色环境""绿色技术""绿色产品"为主体，不是不用化肥和农药，也不是一味地否定传统农业模式，而是科学使用化肥和农药，由过去主要依赖化肥和农药转变为主要依靠生物内在机制来取得农业增效。

（2）认为发展绿色农业投入高、收益低。我国绿色农业主要通过优良品种培育和土壤改良，利用生态机制来求发展，把经济、社会和生态效益统一起来，大大降低对农药和化肥的依赖，是一种低投入的农业生产方式。"绿色消费"方兴未艾，人们对消费品最迫切的要求是"无公害"。谁能在"绿"字上大做文章，谁就能抓住更多的消费者，取得更高的市场占有率，获得更大的经济效益。发展绿色农业只要捷足先登，就会捕捉创业先机。

（3）认为发展绿色农业是农民自己的事。发展绿色农业，需要加大绿色产品的宣传力度，加大绿色技术的普及力度，加大项目资金的扶持力度，开发病虫害防治、土壤改良等适用技术，培植绿色农业龙头企业和生产基地，提高农民绿色农业技术水平，这样才能促进绿色农业的发展，从而更有利于农村经济、社会和生态的协调发展。

五、现代农产品加工业创业项目

现代农产品加工业是指以现代科技为基础，用物理、化学等方法对农产品进行处理，以改变其形态和性能，使之更加适合消费需要的工业生产活动。现代农产品加工业是现代农业的重要组成部分，是农业与工业相结合的大产业,它是现代农业发展的关键。

现代农产品加工从深度上、层次上可分为农产品初加工和农产品精深加工。农产品初加工是指对农产品的一次性的不涉及农产品内在成分改变的加工,如洗净、分级、简单包装等;农产品精深加工是指对农产品的两次以上的加工,主要是指对蛋白质资源、植物纤维资源、油脂资源、新营养资源及活性成分的提取和利用,如磨碎、搅拌、烹煮、脱水、提炼、调配等。农产品初加工使农产品发生量的变化,农产品精深加工使农产品发生质的变化。

现代农产品加工业的行业分类主要由农副食品加工业、食品制造业、饮料制造业、烟草制造业、纺织业、纺织服装鞋帽制造业、皮革毛皮羽毛(绒)及其制品、木材加工及木竹藤棕草制品业、家具制造业、造纸及纸制品业、橡胶制品业11个产业部门组成。

现代农产品加工及其制成品的发展趋势将向多样化、方便化、安全化、标准化、优质化方向发展。但我国农产品加工业的总体水平还远远不能满足现实发展的要求,主要表现为加工总量不足、农产品加工企业规模化水平和科技水平偏低、资源综合利用水平偏低、加工标准和质量控制体系不健全等问题。据统计,发达国家的农产品加工转化率在30%以上,我国只有2%～6%。就江苏而言,肉类加工转化率是6%～7%,蔬菜是4%,果品是3%。再如,我国稻谷加工还大多停留在"磨、碾"的水平,碎米和杂质含量高,品种混杂,口感与食用品质低,而外国的稻谷制米加工有精碾、抛光、色选等先进技术处理,成米一般可分成十几个等级,使用功能确切、食用质量好、整齐度高,可满足市场的多样选择,适于优质优价。由此可见,农产品加工业在我国仍有很大的发展空间,给农产品加工业创业项目的选择提供了很多的市场机会。

六、现代农业服务业创业项目

现代农业服务业是指以现代科技为基础,利用设备、工具、场所、信息或技能为农业生产提供服务的业务活动。农业服务业作为现代农业的重要组成部分,在拓展农业外部功能、提升农业产业地位、拓宽农民增收渠道等方面都发挥着积极作用,如良种服务、农资连锁经营服务、农产品流通服务、新型农技服务、农机跨区作业服务、农村劳动力转移培训和中介服务、现代农业信息服务、农业保险服务等。从现实情况看,我国现代农业服务业发展严重滞后、水平比较低,这些将会给现代农业服务业创业项目的选择提供了很多的市场机会。

(1) 良种业服务。良种是农业增产增效的基础和关键,也是提高农产品质量的基础。随着人们生活水平由温饱向小康转变,社会对农产品质量的要求必然越来越高,这就需要对现有品种进行改造,在保持高产品种高产性能的基础上努力提高质量。此外,还要根据市场需求状况,不断调整农产品的品种结构,以满足社会各方面的需要。因此,良种业服务可以在优良种子的筛选、标准化服务推广等方面提供服务。

(2) 农产品流通业服务。农产品流通是指农产品通过买卖的形式,从生产领域进入消费领域的交换过程。农产品收购、贮存、运输、销售构成了农产品流通渠道,是联结农户与市场的纽带,任何一个环节发生了故障,都将导致流通渠道不畅通,农产品流通受阻,农产品就卖不出去,农业生产经济效益受损失,农业再生产也无法进行。因此,必须建立顺畅、便捷、低成本的农产品商品流通网络,特别是建立和完善鲜活农产品流通的"绿色通道网",实现省际互通,以保证农产品能货畅其流,这对于活跃农村经济、提高农产品流通效率、促进农民增收和发展现代农业具有重要作用。例如,农产品经纪人就在搞活城乡经济中应运而生,他们穿梭于城乡市场,一手牵着农民的生产,一手牵着市场的需求,在带领农民进入市场、搞活农产品流通、促进农业结构调整、帮助农民增收致富、提供各类中介服务等方面发挥了重要作用。

(3) 农资连锁经营业服务。农资是重要农业生产要素,目前常见的农资产品主要包括种子(种苗)、肥料、农药、农膜、农机具、饲料及添加剂等。农资连锁经营即连锁公司总部在各乡镇采用加盟和培训的方式物色农资连锁经营者,由总部配送各种品牌的农药、化肥、种子等农业生产资料,然后由农资超市分散经营,由总公司统一管理的一种经营模式。该模式是对传统农资经营模式的一种变革,主要利用遍布于各地乡村的连锁店,以电子网络为载体实施物流配送,以实现经营管理标准化、规范化的要求。

近几年来,农资销售呈现出主体多元化的发展趋势,在促进农业经济发展、方便农民购买的同时,面对激烈的市场竞争,传统农资经营模式存在的问题也充分显露出来,如无序竞争加剧、窜货现象造成价格混乱、假劣农资坑农害农行为等。农资连锁经营不仅促进了农资销售的标准化、规模化,还可有效预防假冒伪劣农资产品进入流通领域,净化农资市场,保证农民用上放心农资。目前,江苏省已涌现出苏农、红太阳、宿农等一批农资连锁龙头企业。

第五节 寻找好的农业创业项目

一、从市场空白处寻找

从市场空白处寻找农业创业项目比较难,因为农业创业者并不总是能够发现空白,还有就是人们也常常自我否定:自己发现的,别人或许早就发现了,或已经在做了。

具体说，你可以将顾客需要分成几个大类：衣、食、住、行、玩等，同时再来考察本地区还缺少哪些项目，或者哪些项目别人目前做得很失败。

(1) 比如衣着，面向中老年人较少。

(2) 比如食用，粗粮越来越少。

(3) 比如住，回归自然感觉少了。

(4) 比如玩，人们越来越向往田园牧歌。

市场空白可以说无处不在，关键是你要做一个有心人。

二、从社会的经济发展中寻找

从社会的经济发展中寻找创业项目最为不易，主要问题是人们不好掌握其需求量，而且较难杜绝日后的模仿者。你可以将经济社会发展分成以下几条主线。

(1) 随着时代进步，百姓生活中必然要出现的新生事物。

(2) 随着经济的不断发展，商业领域里必然要出现的某些服务、产品或技术。

(3) 随着经济全球化的深入，各国间相互交流和经济一体必将成为现实。

(4) 可以断言，新材料、新产品、新技术和新服务将源源不断地涌现在你的身边。

三、从百姓生活中寻找未来可能的需求

(1) 比如，目前大量的农村劳动力进城务工，而这些人有一种特有的土地情怀，你是否可以考虑成立一个种田公司，为这些大量进城离土的农民提供代耕代种全程服务呢？

(2) 再如，现在大都市空气质量不高，在家里或办公室也不能幸免，由此就可以诞生一种服务：花香空气提供者。这不是简单的

氧吧形式，而是通过高压容器或轨道向家庭和办公室输送含有花香的纯净空气，使家庭成员、办公室人员都能在清新和健康的空气下工作、生活。而这些花香的纯净空气就是在广袤农村的油菜花田、稻花田、麦花田盛开时以及漫山遍野收集制作而成的。

记住，只要你用心去研究、探索，经济社会发展中可能出现的创业项目往往最具有激动人心之处。

第五章 实现农民创业致富

第一节 农业创业计划书的编制

一、农业创业计划书的主要内容

(一) 计划摘要

摘要要尽量简明、生动。计划摘要一般包括以下内容：企业介绍、主要产品和业务范围、市场概貌、营销策略、销售计划、生产经营计划、管理者及其组织、财务计划、资金需求计划、农业创业项目的支持政策等。

(二) 企业简介

企业简介主要包括：企业名称、地址、联系方法等；企业的自然业务情况；企业的发展历史；对企业未来发展的预测；本企业与众不同的竞争优势或独特性。

(三) 产品或服务

产品（服务）的介绍应包括以下内容：产品的概念、性能及特性；服务的对象、范围；主要产品或服务项目介绍；产品（服务）的市场竞争力；产品的研究和开发过程；发展新产品（服务）的计划和成本分析；产品（服务）的市场前景预测；产品的品牌和专利。

(四) 人员组合

有了产品之后，创业者第二步要做的就是组建一支有效的创业人员队伍。一个企业必须要具备市场营销、生产作业、财务会计等方面的专门人才。

（五）市场预测

市场预测应包括产品或服务的市场现状综述、竞争对手概览、目标顾客和目标市场、本企业产品或服务的市场地位、市场区域和特征等内容。

（六）营销方案

在创业计划书中，营销方案应包括以下内容：市场机构和营销渠道的选择、营销队伍和管理、促销计划和广告策略、价格决策。

（七）生产或服务计划

主要描述生产或服务的设备要求、厂房要求、人力资源要求、技术要求、进度要求、原材料要求、质量要求等方面的问题。

（八）投资预算及利润分析

投资预算要分项列出建设或租赁厂房或店面房的总价、生产或经营设备的总投资、为创办企业应缴的各种费用、创业产品的原材料价格、生产工人和管理人员的工资、流动资金、不可预见支出等。

利润分析要说明投资者如何收回投资，什么时间收回投资，大约有多少年回报率等情况，包括对投资额、经营成本和销售收入发生变动的影响分析。

（九）风险预测

风险通常包括技术风险、市场风险、管理风险、财务风险、政策风险、自然风险以及其他不可预见的风险。

（十）工作进度安排

工作进度安排表包括做好市场调查，确定创业的产品或服务的内容，进行产品、服务及包装的设计，选择厂址，购置生产设备，招聘员工，制作广告并创意促销方案，领取营业执照，银行开户，税务登记，开业仪式等内容。执行时间可以交叉安排。

创业计划书的制定是一个不断调研、不断完善的过程，它可以帮助创业者记录许多创业的内容、创业的构想，能帮助创业者规划成功的蓝图，而整个创业计划如果翔实清楚，对创业者或参与创业的伙伴而言，也许更能达成共识、集中力量，这无异是帮助了创业者向成功迈进。

【读一读】

制定创业计划书的作用

创业计划书是创业者吸引资金的"敲门砖"和通行证。如何使创业者选择的创业项目找到所需要的资金支持是创业者顺利实现创业预期以及创业后续发展的关键所在。寻找资金没有窍门，只有靠好的产品（服务）、好的技术、好的管理以及好的市场。因此通常来说，一篇优秀的创业计划书是创业者吸引资金的"敲门砖"和通行证。

创业计划书是创业者的创业指南或行动大纲。创业并不只是热情的冲动，而是理性的行为。一个看似美好的想法，经过仔细的分析，可能会被证明在市场中是行不通的。因此，在创业前，做一个较为完善的计划是非常有意义的。在做创业计划时，会比较客观地帮助创业者分析创业的主要影响因素，能够使创业者保持清醒的头脑；一份比较完善的创业计划，也可以成为创业者的创业指南或行动大纲。

二、判断创办企业的成功机会

在创办一个农业企业之前，你需要收集和利用大量的信息，在顺利完成前面所有步骤之后，你已经通过大量的练习，掌握了充足的信息。本步骤中需要完成你的创业计划书。

你要对所有信息进行综合分析，完成并充实你的创业计划，再度判断你的创业项目有多大的成功机会，从而决定你是否应该创办这个企业。

(一) 编制你的创业计划书

你的创业计划一定要写得详细，它应该包括以下几个部分。

●概要——高度概括创业计划各部分内容的要点，勾画出企业的轮廓。概要的内容要全面，条理要清晰，它是新企业给人的第一印象。这部分内容最后完成，却要放在创业计划的首页。

●企业构思——概括描述你的企业，重点说明你要推出的产品或提供的服务，以及你的顾客群体，同时充分考虑企业构思可能面临的各种风险及应对措施。

●市场评估——任何生意都是通过满足顾客需求而获取利润的。对市场的大小，未来的前景，以及顾客、竞争对手都要进行调查和了解。市场营销计划是你针对特定顾客群的需求来确定产品的市场定位，详细介绍产品或服务的特点、价格、营业特点、销售渠道和促销方式。

●企业组织——这部分谈你将如何组建新企业，包括企业的法律形态、组织结构、员工和你的职责。

●企业财务——任何企业的目的都是赢利。创业计划就是要通过预测销售额、成本和利润来反映企业的效益和启动资金的需要量。

●附件——一般来讲，你提供的信息越详细，获取帮助的机会就越大。所以诸如申请哪种营业执照、产品或服务目录、价格表、岗位责任和工作定额等均应附在创业计划后面。

不同类型的企业可以用适合自己的格式来编写创业计划，上述格式是我们培训所要的，只要你能根据上述要求编写创业计划，再写其他形式的也就没有什么困难了。银行等金融机构可能要了解的情况会更加详细，或要求你用另一种格式写创业计划，但上述内容均不可少。

(二) 判断你的企业能否生存

现在，你的创业计划已经完成，接下来就要考察你是否做好了开业的准备。下面的问题都是你要考虑的：

● 你有没有足够的时间和精力来承担企业的管理工作？
● 你的企业是否能赚钱？
● 你是否有足够的资金来办企业？你有没有足够的责任心和能力？

1. 你有决心和能力创办企业吗

你已经汇集了大量有关新企业的信息，现在你要真实面对自己，再次考验你是否做好了开办和管理这个企业的准备，请从头再思考一遍，也许你的想法会有所变化。

2. 你的企业能否赢利

你的销售和成本计划反映了企业开办第一年应该产生的利润。前几个月可能没有赢利，但往后就应当有，如果生意仍然亏损或者利润很薄，请考虑以下提示：

● 销量能不能提高？
● 销售价格有没有提高的余地？
● 哪些成本最高？有没有可能降低这些成本？

企业的收益起码要能够支付你的工资，给自己定的工资报酬应该和你投入企业的时间、能力和所担负的责任相称，它等于你雇佣别人来做你的工作时该付的工资。除了你的工资之外，你的投资还应该带来利润。

3. 你有没有足够的资金创办企业

你的现金流量表显示了企业现金收入和支出的动态。你要有足够的现金去支付到期的账单，即使企业有销售收入，如果资金周转不畅，企业也会倒闭。

如果你的现金流量表显示某个月份现金短缺，你要采取以下措施：

● 减少赊销额，加快现金回笼。
● 采购便宜的替代品或原料，减少材料消耗来降低当月的成本。
● 要求供应商延长付款期限。
● 减少电话费、电费之类的开支。
● 要求银行延长贷款期，或降低每月偿还的本息。

- 推迟添置新设备。
- 租用或贷款购买设备。

你已为农业创业准备好了吗?

问题	你的评价	
	是	否
你决定出售什么样的农业产品或提供什么样的农业服务		
你知道你农业企业的顾客是谁吗?他们在哪		
你知道谁是你的主要竞争对手吗		
你知道你的竞争对手的长处和不足吗		
你预测过自己的销售吗		
你制定了产品或服务的销售价格了吗		
你选择好农业企业开办的地点了吗		
你决定使用哪种销售方式了吗		
你决定使用促销方式并知道自己的促销需要多少钱吗		
你已经选定了某种农业企业法律形态了吗		
你决定雇用什么样的员工了吗		
你知道对你的企业有用的法律都有哪些吗		
你决定为你的农业企业参加农业保险了吗		
你制订了未来一年的销售计划、成本计划和现金流量计划了吗		
你的企业在第一年中有利润吗		
你的企业在未来一年中需要的启动资金是多少,你能筹到这些资金吗		
你对自己创办农业企业有信心吗		

续表

问题	你的评价	
	是	否
你预测了你的农业企业第一年的销售量和销售收入了吗		

如果发现答"是"的较多,可以考虑创办你的农业企业了。如果发现答"否"的较多,你就需要认真思考了,或回头去从创业的最初阶段重新开始。

(三)制订开办企业的行动计划

现在你已经决定要开办企业了,但还停留在纸面上。在和顾客实际打交道之前还有很多工作要做,做这些事要有章法,按部就班,所以你要制定一份行动计划,清楚有哪些工作要做,由谁来做,以及什么时候完成。把要做的事情列一份清单,例如:

● 选择合适的营业地点

● 筹集落实启动资金

● 办理企业登记注册手续

● 接通水电、电话

● 购买或租用机器设备

● 购买存货

● 招聘员工

● 办保险

● 宣传你的企业

★你要落实的事情很多,尽量不要浪费时间,行动计划是能帮助你安排任务的最简单有效的方法。计划要做得严谨,避免有遗漏。

请为自己制定一份开办企业的行动计划。

需要采取的行动	由谁来做	时间安排

三、农业创业计划书的分析评价

当创业者已经激发起创业勇气、找准了创业项目、拥有了创业资金、制订了创业计划，是否就可以动手创业呢？事实上，具备了这些条件还不够，还有一个重要的环节需要我们去完成，即创业计划方案制订后，不能马上实施，必须进行充分论证，对创业计划书进行分析评价，否则就算创业目标明确，创业过程中的一些技术要求、方式方法、资金预算等方面出现问题也会使创业多走弯路，甚至导致创业的失败。如何对创业计划进行论证和分析评价呢？

1. 评头论足找不足

邀请指导老师、成功创业者、同学、朋友、家人等对自己所制订的创业计划书进行分析评价，多挑计划中的不足，多找计划里的毛病，多提反对意见，进一步完善创业计划书。

2. 行家里手多请教

寻求有丰富经验的律师、会计师、熟悉相关政策的官员、专业咨询家的帮助是非常必要的。比如，向行业管理部门进行咨询，他们对你所准备从事创业的行业有总体上的认识和把握，具备一般人所不具备的预测能力,能够通过行业的优劣特点、行业的市场状况、行业的竞争对手、行业的法律约束等方面的分析给你帮助。他们的建议能让你的创业计划书看上去更加完美。

3. 思前想后查问题

从近两年农民创业培训来看,要求参加培训的学员完成一份较为完整的创业计划时,许多创业计划书中往往会犯以下一些错误:

(1) 市场调研不充分,市场的差异性和目标市场在哪里描述不清楚;

(2) 关于怎么做思路不明晰,创业模式不清楚,如何获得利润,最终付款的对象经常没有说明;

(3) 对市场潜力和规模缺少调查和依据;

(4) 团队创建是凑合,而不是融合;

(5) 财务分析中现金流分析不够。

在制订创业计划书时要特别注意,避免犯这些错误。

第二节 创业人员组合

创业成功与否,人的因素影响占有很大部分,有什么样的人才就会有什么样的企业。对于创业者来说选择一个合适的创业伙伴和选择一位相伴终身的爱人相比是同等重要的,对以后事业的发展起到举足轻重的作用。本步骤将介绍创业人员的组合以及如何管理创业团队。

一、创业人员组合范围及方法

(一) 创业人员组合的范围

人员组合是指以创办的企业的性质、工作的岗位、参与者的身份等为对象,明确人员组合的范围,如发起者、创办者、合伙者、投资者、参股者、被雇佣者、管理者、技术员、生产者等。

(二) 人员组合的方法

在企业的内部,由于各类人员的工作性质不同、身份不同,人员组合的方法也有差异。

(1) 岗位组合法。是根据工作岗位的多少,各岗位的工作量、劳动效率、轮班次数和出勤率等因素,来组合人员的一种方法。

(2) 效率组合法。是根据生产任务(工作量)和劳动效率(劳动定额)以及出勤率来确定人员组合的一种方法。这一组合主要适用以手工操作为主的企业生产。

(3) 资本组合法。是根据创业者投资的多少、形式的不同来确定人员组合的一种方法。它可以分为合作组合、合伙组合、雇佣组合等人员组合形式。

(4) 业务分工组合法。是根据创办企业的性质而划分的业务性质、职责范围和工作量来确定人员组合的一种方法。这种方法主要适用于企业管理人员和工程技术人员,而且应有适当的比例才能达到合理的人员组合要求。

在实际操作中,创业者可根据不同工作性质,区分各类人员的不同情况而具体运用,或把几种方法结合起来使用,以确定先进合理的人员组合方案。

二、人员组合的原则及标准

(一) 人员组合的原则

(1) 高效、精简、节约的原则。提倡兼职,充分利用工作时间,节约人力资源。简化管理层次和简化业务手续,以节约企业运行资本,形成统一、灵活和高效的指挥系统。

(2) 风险共担、利益共享的原则。创业之初,因市场历练不足,难免在激烈的市场竞争中运筹时出现差错,遭受损失,创业人员应有充分的心理准备。创业者之间要做到共进退,必须通力合作,形成凝聚力，抗击风险，赢得市场，获得利益。这样，一方面是为了防止合伙者不正当地规避风险，对其他合伙者造成利益的损害；另一方面也是为了提高抗风险的能力，加强创业者之间的同心力。

（3）事业第一，亲情、友情、人情第二的原则。所谓"商场无父子"就是这个道理。创业之初，如果过多地考虑亲情、友情、人情，你的一切就被束缚，创业就不能严格管理、高效运作、令行禁止，最终就不可能有好的效益。

（二）人员组合的标准

人员组合的标准是指在创办企业时，依据企业性质、生产技术条件、工作岗位设定等进行人员组合的数量限定。人员组合标准是考察所创办企业用人与组合是否先进合理的尺度。不同的创业模式，人员的组合方式和数量限定也不相同，但一般来说应遵循人员组合的相关原则进行确定。

创业之初，各种事情千头万绪，人员组合方式多样。志同道合者走到一起，共创一番事业，最佳的人员组合能使创业者迈出坚定而又成功的第一步。

三、创业人员组合内容

（一）懂技术的

一个企业没有自己的技术就会被市场淘汰，要是不在自己的技术上加以创新，就会被市场赶出去。绝大多数成长起来的公司的创业者、创始人都是有很深的技术背景。

（二）能算账的

财务乱是很多年轻组织存在的缺陷，年轻的创业团队往往没有专业的财务人员导致财务问题而引起团队纠纷。因此必须请专业财务人员制定内部财务制度，为创业团队的财务运作提供一个制度约束机制。

如何建立比较完善的财务制度需要团队成员进行共同探讨，会计和出纳由两个人来担任或兼任,剩余的人做监督员,会计可以是专职,也可兼职。

(三) 跑市场的

企业要发展要前进其实就是靠人才。无论企业的销售策划有多好,广告多么的铺天盖地,分销渠道多么的流畅,最终要达成销售的,关键还是终端的销售人员。创业人员中跑市场的就是搞销售的。销售人员出现问题就会影响产品的销售,前面再怎么优秀的人,付出再辛苦的劳动也都泡汤了,所以销售这个最终环节是最重要的。

【知识拓展】

如何巧卖农产品

(1) 肉鹅切割归类卖。有位农民养了千余只肉鹅,但出栏时市场行情较差,于是他将肉鹅分割销售,鹅毛分成鹅绒、鹅羽、鹅大翎,按类别和等级销售;鹅肉则分成鹅头、鹅脖、鹅肠、鹅架、鹅胸脯、鹅爪、鹅腿、鹅心等,并调制成各种菜肴,上市后不仅畅销,而且效益增加了近1倍。

(2) 粉丝剪断包装卖。有位农民经纪人在销售粉丝过程中,发现人们煮粉丝时很难将其折断,于是便把粉丝加工成筷子一样长短包装销售,投放市场后深受消费者欢迎。

(3) 蔬菜做成盆景卖。有个农民看到城里人喜欢养花,便将朝天椒、五彩椒、茄子、樱桃、番茄、生姜、心里美萝卜等栽在花盆中,有花有果,既可观赏又可食用,很受城里人喜爱。

(4) 芝麻糊现配现卖。有位农民买来一台小型磨面机,将黑芝麻糊的原料,事先在家炒熟,然后用三轮车拉到菜市场,现做现卖黑芝麻糊。

(5) 西瓜多赚剖开卖。有位农民发现西瓜整卖有许多弊端,便将西瓜剖开卖。结果每公斤多卖0.4~0.8元。因为剖开卖使买瓜人对瓜的成熟度一目了然,能买个放心舒心。

（四）会当家的

在创业团队中，会当家的就是带头人。带头人正如大海航行中巨轮的舵手，指引着创业团队的方向。创业团队中必须有可以胜任的带头人，而这个带头人不是单单靠资金、技术、专利来决定的，也不是谁提出什么好的点子谁就可带头。这种带头人是团队成员在多年同窗、共事过程中发自内心认可的，应该在创业团队中有较大的影响力。

四、创业团队管理

创业团队具有年龄轻、发展快、变化多、创造力强等特点，决定了在这样的团队管理中，传统的管理理念和方法并不能满足企业发展的需要。创业团队管理需要更多的激情、更灵活的管理、更快速的反应和更强的战斗力，这就决定了创业团队要有独特的管理模式。

企业好比是一个沿着斜坡往上滚动的球，市场竞争和企业内部职工中可能出现的惰性对球体形成向下的内外两种压力。如果没有一个向上的大于这种压力的推力，球就一定会往下滑。对于企业来讲，这个向上的推力就是强化管理。

（一）充分利用人员的特长

企业应根据每个员工不同的特点，加以重用，做到人尽其才，这是人力资源管理的上上之策。其中最重要的是要了解个体自身的不同的特点。每个人的能力特点有所不同，不同特点的人对他从事什么样的工作以及工作效绩如何，都有着极其重要的影响。只有当特点和工作相匹配的时候，才能充分地发挥人的能力以及潜能，才能真正做到人尽其才。

外向性人才，善于社交、言谈，适合做营销方面的工作；随和性人才能够愉快合作，给人以信任的感觉，适合做协调方面的工作；责任心强的员工具有强烈的责任感、可靠性，适合单独负责一个项目，委以大任；情绪稳定型的员工，平和、安全，能够统揽全局，这样的人才适合做决策者；不擅言词、肯吃苦、耐得住寂寞的人，适合于干生产一线的工作；经验丰富、个体聪明、敏锐的，适合做开拓创新型的工作。

对于领导者来讲，用人不疑，疑人不用，只是初级阶段。敢用疑人，会用疑人，更是智高一筹，只有这样，才能保证企业的人才用之不竭。

（二）具有良好的制度才能出效益

俗话说没有规矩不成方圆。最初创业时就把该说的话说到，该立的字据立到，不要碍于情面。把最基本的责、权、利说得明白透彻，这样在企业发展壮大后，才不会出现因利益、股权等的分配分歧产生团队之间的矛盾，导致创业团队的分裂。

创业团队管理规则的制定，要有前瞻性和可操作性，要遵循先粗后细、由近及远、逐步细化、逐次到位的原则。这样有利于维持管理规则的相对稳定，而规则的稳定有利于团队的稳定。

好的管理制度能够极大地提高工作效率、促进目标的完成。否则，反而会诱致错误的导向，形成副作用。所谓"制度通，一通百通"。即使只有一两个人，企业的岗位也是客观存在的，只不过是一个人承担了几个岗位的工作职责。所谓麻雀虽小，五脏俱全。通过制度，各司其职，各尽其责。

（三）建立激励机制

曾经有人这样比较中国和外国员工的职业化差距，外国员工是"我做得越多，老板给我的钱就越多，所以我要多做"；而中国员工是"老板给我多少钱，我就干多少活，所以给得少就少干"。对创业团队的成员应该采取一种怎样的管理模式，既能保证效率，又能保证团队的和谐？企业在发展的不同时期应该建立相适应的管理模式。

农业创业初期，基本上算是作坊式管理，可以实行加分式绩效考核，按照考核分数高低与相应绩效挂钩奖金，形成以加分为主、多劳多得、奖勤罚懒的考核激励机制，体现公平原则，同时也可从中发现人才，培养骨干分子。

如果你的企业已经存活几年了，进入了成长期，团队也基本定型，具备了现代企业雏形，再用绩效考核的办法是留不住人心的，应该对团队的中坚力量实行部分期权或年终红利分配等激励机制。

再过些年，你的企业发展壮大到一定规模时，就应该完全按照现代企业制度实行公司治理，搞好企业文化建设，或者进行股份制改造，让企业中高管享有一定的股权、期权，让他们彻底融入到企业发展之中，变员工为股东，自觉把企业的命运与个人的命运相结合，以完成企业宗旨为使命。这样的企业团队既有效率又能构建和谐，才能保证在激烈的市场竞争中战则能胜，守则能固，永远立于不败之地。

第三节 创业融资

鼓励农民创业是解决"三农"问题和构建社会主义和谐社会的重大举措，在我国还没有完全走出金融危机影响、农民外出务工受到一定程度影响的大背景下，引导农民回归创业已成为扩大农民就业和提高农民收入的有效手段。就业是民生之本。近年来，各地政府积极实施扩大就业的发展战略，促进以创业带动就业。按照统筹城乡发展的要求，破除了许多体制障碍，营造了良好的政策环境，促进农民充分就业，鼓励农民积极创业，推动农民增收和社会主义新农村建设。

一、农业创业资金的估算和使用

创业是令人激动的，在这一历史机遇面前，农民朋友理应发挥创业精神，实现创业梦想。但创业也是艰辛的，创业需要一定的知识和技能，多数农民创业者还面临着创业资金不足的难题。如何解决融资难题呢？

(一) 创业资金的估算

创业者决定实施农业项目后,就要认真测算实施项目的启动资金。启动资金究竟需要多少,创业者一般先要做一个估算,但估算只是一个大概的数据,无法确保创业计划的正常进行。因此,在创业项目实施前,要对创业资金进行一次准确的预测,只有这样才能心中有数,保证创业活动的顺利开展。

1. 资产费用的估算

农民创业者应根据创业项目的产品或服务对象、建设规模、工艺水平、技术要求、营销策略、主要销售方式和营销渠道等,对项目投入可能需要的资产费用进行估算。资产费用估算,一般包括拆迁征地补偿、土建工程、设备购置、安装费用及其他配套工程或附属工程费用,生产前的技术、管理人员培训,各种资本支出和流动资产投入,项目在运营期内的各种运营费用、维护费用的预测等。

估算时如果低估了资金需求,在开始有收益前,可能就已经用光了运营资金;如果高估了资金需求,又可能无法筹集到足够的资金而影响项目的启动,即使筹集资金到位,也会增加利息支出,提高了创业的生产经营成本。因此,创业者在估算创业资金时,一定要控制在合理的范围内,不能只为利益所诱惑,而不计成本地投入。只有这样,农民创业才能由小到大、由弱变强,健康成长。

2. 周转资金的估算

周转资金也称为流动资金,是创业项目在运转过程中所需要支付的资金。创业项目一般要在运转一段时间后才能有收入,所以运行一个项目,要准备能支付三四个月的经营周转资金,包括人员工资、差旅费、办公费、材料费、广告费、维修费、水电气费、清洁环保费、税费以及分期偿还的借款等。如果是创办农产品加工厂,除了以上的一些费用外,还要对占压在半成品、产成品、原材料等上面的资金进行估算。还要预留一定的突发事件处置资金,以解决企业在生产经营中发生的不可预见问题。

3. 风险资金的估算

创业者在激烈的市场竞争中,某一方面或某个环节在运行中出现问题,都有可能使风险转变为损失,导致企业陷入困境甚至破产。企业财务风险主要来源于筹资风险、投资风险、现金流量风险、外汇风险等。主要影响因素是：资金利润率不高、债权不安全两个方面。农业创业项目还有可能面临自然资源风险、自然灾害风险、技术风险、市场风险等带来的风险损失。因此,在估算创业资金时,要对创业资金的使用做好统筹安排,充分考虑将要遇到的困难,预留风险资金,做到有备无患,有的放矢。

(二) 创业资金的使用要求

创业资金合理利用的基本要求是：合理有效地使用资金,保证资金的使用效果,做到资金占用少,回收快,效益高。由于资金的占用形态和流转特征不同,创业资金合理运用的具体要求也有所不同。

(三) 固定资产的合理利用

(1) 提高固定资产的利用程度,尽量充分发挥固定资产在生产经营活动中的应用,减少固定资产的闲置和浪费。

(2) 加强固定资产的保管和维护,使固定资产处于良好的技术状态,能够有效地完成各项生产作业。

(3) 正确核算固定资产折旧,实现企业资产的更新重置。

(4) 尽可能购置通用性设备,以提高固定资产的利用效率,完成多项作业内容。

(四) 流动资产的合理利用

根据流动资产的周转特性,合理使用流动资产的总要求是加快流动资产的周转速度。具体措施：

(1) 加强采购物资的计划性,合理储备生产使用的各类物资,避免积压资金。

(2) 对库存物资和产品应定期检查，防止鼠害和霉烂变质，造成损失。

(3) 采用科学的方法组织生产经营活动，尽可能节约活劳动和物化劳动，减少生产过程中的资金占用量。

(4) 及时销售产品，缩短产品的滞留时间，加快资金回收。

(五) 主要用途

创业资金的主要用途，根据创业项目的种类和性质而略有不同，一般包括以下用途：市场调研、项目论证、土地费用、结构材料（钢管、混凝土、竹木等）、设备购置（生产、加工、植保、收割机械，农机具，交通工具等）、附属材料（遮阳网、塑料薄膜、灌排设施等）、养殖场、加工厂房和观光场地建设费用，以及畜禽、饲料、药品、种子、化肥、农药、种苗、人工、水电费用等。如果创业项目是现代农产品加工业项目，还应包括原材料采购费用；如果是休闲农业观光项目，应包括餐饮娱乐设施建设费用、停车场建设费用等。创业者应根据创业项目建设的实际需要与可能，精打细算，节约开支，以较少的钱办好创业的事。

二、农业创业融资方式

按照资金来源的不同，农民创业企业的融资可以分为内源融资和外源融资。

(一) 内源融资

也叫内部融资，是指企业通过自身经营活动获取资金，并将其用来满足经营、投资等需要的方式。资金来源主要由企业的留存收益和折旧基金等构成，也包括向企业主、股东、合伙人或内部职工等与企业有利益关系的人员借款而获得。内源融资是企业不断将自己的储蓄转化为投资的过程。

1. 内源融资的优点

(1) 融资成本较低。公司外源融资,无论采用股票、债券还是其他方式都需要支付大量的费用,比如券商费用、会计师费用、律师费用等。而利用未分配利润则先需支付这些费用。因此,在融资费用相对较高的今天,利用未分配利润融资对公司非常有益。

不会稀释原有股东的每股收益和控制权。未分配利润融资增加的权益资本不会稀释原有股东的每股收益和控制权,同时还可以增加公司的净资产,支持公司扩大其他方式的融资。

(2) 使股东获得税收上的好处。如果公司将税后利润全部分配给股东,则需要缴纳个人所得税;相反,少发股利可能引发公司股价上涨,股东可出售部分股票来代替其股利收入,而所缴纳的资本利得税一般远远低于个人所得税。

(3) 自主性。内源融资来源于自有资金,上市公司在使用时具有很大的自主性,只要股东大会或董事会批准即可,基本不受外界的制约和影响。

2. 内源融资的缺点

(1) 内源融资受公司盈利能力及积累的影响,融资规模受到较大的制约,不可能进行大规模的融资。

(2) 分配股利的比例会受到某些股东的限制,他们可能从自身利益考虑,要求股利支付比率维持在一定水平上。

(3) 股利支付过少不利于吸引股利偏好型的机构投资者,降低公司投资的吸引力。

(4) 股利过少,可能影响到今后的外源融资。股利支付很少,可能说明公司盈利能力较差,公司现金较为紧张,不符合一些外源融资的条件。

内源融资匮乏是我国企业普遍存在的问题,在农民创业初期贷款难是难免的,如果重视内源融资,进行有计划的自我积累,就可以在资金供给上掌握主动权。

(二) 外源融资

也叫外部融资,是指企业通过一定方式向企业之外的其他经济主体筹集资金。外源融资方式包括银行贷款、发行股票、发行企业债券等,此外企业之间的商业信用、融资租赁在一定意义上说也属于外源融资的范围。总体来说外源融资的方式主要归为两类,包括直接融资和间接融资两种。

1. 直接融资

是指融资双方在金融市场上借助于各种融资工具的发行及交易实现的融资活动。由于融资工具直接将最终的投资人和最终的筹资人联系在一起,因而称为直接融资。

(1) 直接融资优点

①资金供求双方联系紧密,有利于资金快速合理配置和使用效益的提高。

②筹资的成本较低而投资收益较大。

(2) 直接融资的缺点

①直接融资双方在资金数量、期限、利率等方面受到的限制多。

②直接融资使用的金融工具其流通性较间接融资的要弱,兑现能力较低。

③直接融资的风险较大。

2. 间接融资

间接融资,是指拥有暂时闲置货币资金的单位通过存款的形式,或者购买银行、信托、保险等金融机构发行的有价证券,将其暂时闲置的资金先行提供给这些金融中介机构,然后再由这些金融机构以贷款、贴现等形式,或通过购买需要资金的单位发行的有价证券,把资金提供给这些单位使用,从而实现资金融通的过程。

(1) 间接融资的优点

①银行等金融机构网点多,吸收存款的起点低,能够广泛筹集社会各方面闲散资金,积少成多,形成巨额资金。

②在直接融资中,融资的风险由债权人独自承担。而在间接融资中,由于金融机构的资产、负债是多样化的,融资风险便可由多样化的资产和负债结构分散承担,从而安全较高。

③降低融资成本。因为金融机构的出现是专业化分工协作的结果,它具有了解和掌握借款者有关信息的专长,而不需要每个资金盈余者自己去搜集资金赤字者的有关信息,因而降低了整个社会的融资成本。

(2) 间接融资的局限性

主要是由于资金供给者与需求者之间加入金融机构为中介,隔断了资金供求双方的直接联系,在一定程度上减少了投资者对投资对象经营状况的关注和筹资者在资金使用方面的压力和约束。

(三) 权益融资和债务融资

按照融资后形成的产权关系不同,农民创业企业的融资可以分为权益融资和债务融资。

1. 权益融资

也叫股权融资,是指融资方通过出让企业股权筹集资金的方式,如天使投资、风险投资、股票融资等。权益融资的作用有以下几点:

(1) 权益融资筹措的资金具有永久性特点,无到期日,不需归还。项目资本金是保证项目法人对资本的最低需求,是维持项目法人长期稳定发展的基本前提。

(2) 没有固定的按期还本付息压力,股利的支付与否和支付多少,视项目投产运营后的实际经营效果而定,因此项目法人的财务负担相对较小,融资风险较小。

(3) 它是负债融资的基础。权益融资是项目法人最基本的资金来源。它体现着项目法人的实力,是其他融资方式的基础,尤其可为债权人提供保障,增强公司的举债能力。

2. 债务融资

是指以借款的方式来筹集资金,到期需要还本付息的方式,如信贷融资、债券融资等。相对于股权融资,它具有以下几个特点:

(1) 短期性。债务融资筹集的资金具有使用上的时间性,需到期偿还。

(2) 可逆性。企业负有到期还本的义务。

(3) 负担性。企业需支付债务利息,从而形成企业的固定负担。

在债务融资活动中,融资双方是一种债权、债务关系,投资者为债权人,筹资者为债务人,因此,只要债务人处于正常经营的状态,债权人就拥有依法按时获得本息的权益,即便债务人处于经营破产的境地,债权人也拥有按破产法的有关条款获得本息的权益。

债务融资的主要形式有:银行贷款、债券融资等。

(1) 银行贷款

银行贷款,是指银行根据国家政策以一定的利率将资金贷放给资金需要者,并约定期限归还的一种经济行为。

银行贷款按不同的标准可分为不同的种类。例如,按贷款的期限,可分为短期贷款、中期贷款和长期贷款。贷款期限在 1 年以内的通常称为短期贷款;1 至 5 年的为中期贷款;超过 5 年一般称为长期贷款。按贷款是否有担保,分为有担保的贷款和无担保的贷款。有担保的贷款又具体分为抵押贷款、质押贷款和保证贷款。无担保的贷款又叫信用贷款,即借款人仅凭借信誉从银行取得的贷款。按贷款的对象不同,分为工、商、农业贷款,消费者贷款,金融机构贷款等。按贷款的经济性质不同,分为流动资金贷款和固定资金贷款。按贷款额度的管理方式不同,分为循环使用和不可循环使用的贷款。按利率不同,分为固定利率贷款和浮动利率贷款等。

银行贷款也是农民创业者最主要的一种融资方式。创业贷款的期限一般为1年,最长不超过3年。按照有关规定,创业贷款的利率不得向上浮动,并且可按人民银行规定的同档次利率下浮20%;许多地区的下岗失业人员、农民工创业贷款还可以享受60%的政府贴息。

(2) 债券融资

债券融资,是指企业通过发行债券筹集资金的一种形式。

债券是政府或公司以直接融资方式向投资者借款的债务证书。只有公司企业才能发行债券。公司债券是公司向外借债的一种债务凭证。发行债券的公司出售债务凭证,向债券持有人做出承诺和保证,在指定的时间,按票面规定还本付息。

由于公司对发行公司债券都有一些规定限制,一般农民创业者创办的小型公司很难达到要求。因此,农民创业者大多不能利用债券融资。

(四) 商业信用融资

商业信用融资,是指企业之间在买卖商品时,以商品形式提供的借贷活动,是经济活动中的一种最普遍的债权、债务关系。商业信用的存在对于扩大生产和促进流通起到了十分积极的作用,但不可避免地也存在着一些消极的影响。

1. 商业信用融资的优点

(1) 筹资便利。利用商业信用筹集资金非常方便,因为商业信用与商品买卖同时进行,属于一种自然性融资,不用做非常正规的安排,也无需另外办理正式筹资手续。

(2) 筹资成本低。如果没有现金折扣,或者企业不放弃现金折扣,以及使用不带息应付票据和采用预收货款,则企业采用商业信用筹资没有实际成本。

(3) 限制条件少。与其他筹资方式相比,商业信用筹资限制条件较少,选择余地较大,条件比较优越。

2. 商业信用融资的缺点

（1）期限较短。采用商业信用筹集资金，期限一般都很短，如果企业要取得现金折扣，期限则更短。

（2）筹资数额较小。采用商业信用筹资一般只能筹集小额资金，而不能筹集大量的资金。

（3）有时成本较高。如果企业放弃现金折扣，必须付出非常高的资金成本。

（五）租赁融资

租赁融资，是指由承租人选好所需机器设备，由出租人购买设备，然后出租给承租人使用以收取租金的一种信用形式。

对创业企业来说，租赁融资融到的是急需的设备，而不是资金，但其意义是一样的。虽然典型意义的租赁融资是租赁公司出租大型设备给企业，但目前我国已有一些租赁公司将解决创业中小企业融资问题作为主要业务，农民创业者应充分利用租赁融资。此外，农民创业者还可以从其他渠道租赁厂房、设备等，以节约创业资金。

（六）典当融资

典当融资，是指当户将其动产、财产权利作为当物质押或者将其房地产作为当物抵押给典当行，交付一定比例的费用，取得当金并在约定期限内支付当金利息、偿还当金、赎回典当物的行为。

典当融资迄今已有1700多年的历史。在中国近代银行业诞生之前，典当融资是民间主要的融资渠道，在调剂余缺、促进流通、稳定社会等方面占据相当重要的地位，当然也具有高利贷盘剥的性质。现在的典当行是指依照《中华人民共和国公司法》和《典当行管理办法》设立的专门从事典当活动的企业法人，是为中小企业和个人提供临时性质押贷款的特殊金融企业。

典当行一般接受的抵押、质押的范围包括金银饰品、古玩珠宝、家用电器、机动车辆、生活资料、生产资料、房产、有价证券等，原则上只要来源合法、产权明晰,可以依法流通的有价值物品和财产权利都可以典当,这就为农民创业者的融资提供了广阔的当物范围。对于那些急需短期资金的创业者,可以考虑典当融资。

(七) 民间融资

民间融资是指出资人与受资人之间,在国家法定金融机构之外,以取得高额利息与取得资金使用权并支付约定利息为目的而采用民间借贷、民间票据融资、民间有价证券融资和社会集资等形式暂时改变资金使用权的金融行为。民间金融包括所有未经注册、在央行控制之外的各种金融形式。

民间融资的特点是灵活简便。具体体现在:

1. 借贷手续灵活、简便,备受急需资金者青睐

据调查,民间借贷双方一般为本乡本土或亲朋好友,当借方需要资金时,或通过中介人或按自己意向说明资金用途、借款金额、还款能力及日期、利息,以口头或协议形式取得资金。因此,一般不需要手续,有手续的也是简单载明借贷双方、日期、还款金额或利息的简要凭据。民间借贷中一半以上是私下达成的交易,对借方来说,手续简便,在急需资金时办理非常方便,备受急需资金者青睐。

2. 利率高、弹性大,城镇乡村有差别

一般而言,民间融资城镇利率高,乡村利率低。城镇借出利率年息一般为15%～30%,乡村借贷利率年息一般为10%～20%,年利率相差5%～10%;城镇民间融资金额大,乡村民间融资金额小。据朔州市调查,城镇单笔借贷金额最高为70万元,乡村民间借贷金额最高11万元,最低的才300元;城镇借贷以高利贷为主,乡村借贷互助性质居多。调查反映,朔州市城镇借贷80%以高利贷为主,乡村民间借贷只有18%需支付利息;城镇借贷较为规范化,乡村借贷一般口头化。城镇借贷趋向书面化,大多数需签订书面协议,协议条款包括担保人(中介人)、借款额、利率、归还期、违约金,数额较大的还需要

以房屋等实物作抵押等,而乡村借贷互助性质居多,且多为亲戚、熟人、朋友之间发生的借贷行为,一般以口头约定为主。

三、农业创业融资的金融机构

(一) 银行金融机构

农村银行业金融机构,主要包括农业银行及其分支机构、农业发展银行及其分支机构、各商业银行在县域内的分支网点、邮政储蓄银行、农村合作银行、农村信用社、村镇银行等金融机构。

1. 农村信用社

农村信用合作社是银行类金融机构,所谓银行类金融机构又叫作存款机构和存款货币银行,其共同特征是以吸收存款为主要负债,以发放贷款为主要资产,以办理转账结算为主要中间业务,直接参与存款货币的创造过程。

农村信用合作社又是信用合作机构,信用合作机构是由个人集资联合组成的以互助为主要宗旨的合作金融机构,简称"信用社",以互助、自助为目的,在社员中开展存款、放款业务。信用社的建立与自然经济、小商品经济发展直接相关。由于农业生产者和小商品生产者对资金需要存在季节性、零散、小数额、小规模的特点,使得小生产者和农民很难得到银行贷款的支持,但客观上生产和流通的发展又必须解决资本不足的困难,于是就出现了这种以缴纳股金和存款方式建立的互助、自助的信用组织。

农村信用合作社是由农民入股组成,实行入股社员民主管理,主要为入股社员服务的合作金融组织,是经中国人民银行依法批准设立的合法金融机构。农村信用社是中国金融体系的重要组成部分,其主要任务是筹集农村闲散资金,为农业、农民和农村经济发展提供金融服务。同时,组织和调节农村基金,支持农业生产和农村综合发展,支持各种形式的合作经济和社员家庭经济,限制和打击高利贷。

2. 农村商业银行

农村商业银行是由辖内农民、农村工商户、企业法人和其他经济组织共同入股组成的股份制的地方性金融机构。

在经济比较发达、城乡一体化程度较高的地区,"三农"的概念已经发生很大的变化,农业比重很低,有些甚至占5%以下,作为信用社服务对象的农民,虽然身份没有变化,但大都不再从事以传统种养耕作为主的农业生产和劳动,对支农服务的要求较少,信用社实际也已经实行商业化经营。对这些地区的信用社,可以实行股份制改造,组建农村商业银行。

3. 农村合作银行

农村合作银行是由辖内农民、农村工商户、企业法人和其他经济组织入股,在合作制的基础上,吸收股份制运作机制组成的合作制的社区性地方金融机构。与农村商业银行不同,农村合作银行是在遵循合作制原则基础上,吸收股份制的原则和做法而构建的一种新的银行组织形式,是实行合作制的社区性地方金融机构。

4. 中国农业银行

中国农业银行致力于建设面向"三农"、城乡联动、融入国际、服务多元的一流商业银行。中国农业银行凭借全面的业务组合、庞大的分销网络和领先的技术平台,向最广大客户提供各种公司银行、零售银行产品和服务,同时开展自营及代客资金业务,业务范围还涵盖投资银行、基金管理、金融租赁、人寿保险等领域。

5. 中国农业发展银行

中国农业发展银行是直属国务院领导的我国唯一的一家农业政策性银行,成立于1994年11月,其职能定位为:以国家信用为基础,筹集农业政策性信贷资金,承担国家规定的农业政策性金融业务,代理财政性支农资金的拨付,为农业和农村经济发展服务。中国农业发展银行实行独立核算,自主、保本经营,企业化管理。

中国农业发展银行的主要任务是：按照国家的法律、法规和方针、政策，以国家信用为基础，筹集农业政策性信贷资金，承担国家规定的农业政策性和经批准开办的涉农商业性金融业务，代理财政性支农资金的拨付，为农业和农村经济发展服务。中国农业发展银行在业务上接受中国人民银行和中国银行业监督管理委员会的指导和监督。中国农业发展银行的业务范围，由国家根据国民经济发展和宏观调控的需要并考虑到中国农业发展银行的承办能力来界定。中国农业发展银行成立以来，国务院对其业务范围进行过多次调整。

6. 中国邮政储蓄银行

中国邮政储蓄银行于 2007 年 3 月 20 日正式挂牌成立，是在改革邮政储蓄管理体制的基础上组建的商业银行。中国邮政储蓄银行继承原国家邮政局、中国邮政集团公司经营的邮政金融业务及因此而形成的资产和负债，并将继续从事原经营范围和业务许可文件批准、核准的业务。

案例赏析

岳城是正阳县最东部的一个偏僻乡村，也是粮食收购户集中的乡村。去年花生的收成特别好，价格也持续上涨。吴先生一直做采购生意，他想囤积一批花生，但心有余而力不足，手头没有那么多资金，借遍了亲朋好友也没能解决资金问题。一个偶然的机会，吴先生看到了邮政小额贷款的广告宣传页，于是他就决定到邮政银行去试试。吴先生到银行咨询了邮政小额贷款的相关信息，并提交了自己的贷款申请。

邮政储蓄银行为了让老百姓能及时用到信贷资金，不误农时和生产季节，开展了"送贷下乡"。第二天邮政银行的信贷员就来到吴先生家中进行调查，为他办理了 5 万元的邮政小额贷款手续，解了他的燃眉之急。邮政小额贷款申请条件低、审批流程短、借款成本低、额度适中、期限灵活，对大多数急需资金支持的农户真正起到了雪中送炭的作用。

中国邮政储蓄银行股份有限公司坚持服务"三农"、服务中小企业、服务城乡居民的大型零售商业银行定位，发挥邮政网络优势，强化内部控制，合规稳健经营，为广大城乡居民及企业提供优质金融服务，实现股东价值最大化，支持国民经济发展和社会进步。

中国邮政储蓄银行依托邮政网络优势，按照公司治理架构和商业银行管理要求，不断丰富业务品种，不断拓宽营销渠道，不断完善服务功能，为广大群众提供更全面、更便捷的基础金融服务，成为一家资本充足、内控严密、营运安全、功能齐全、竞争力强的现代银行。

（二）其他金融机构

除农村银行业金融机构外，其他形式的金融机构主要包括小额贷款公司、农村资金互助社和大银行设立的全资贷款公司等金融机构。

1. 小额贷款公司

小额贷款公司是由自然人、企业法人与其社会组织投资设立，不吸收公众存款，经营小额贷款业务的有限责任公司或股份有限公司。与银行相比，小额贷款公司更为便捷、迅速，适合中小企业、个体工商户的资金需求；与民间借贷相比，小额贷款更加规范，贷款利息可双方协商。

小额贷款公司是企业法人，有独立的法人财产，享有法人财产权，以全部财产对其债务承担民事责任。小额贷款公司股东依法享有资产收益、参与重大决策和选择管理者等权利，以其认缴的出资额或认购的股份为限对公司承担责任。

小额贷款公司应遵守国家法律、行政法规，执行国家金融方针和政策，执行金融企业财务准则和会计制度，依法接受各级政府及相关部门的监督管理。

小额贷款公司应执行国家金融方针和政策,在法律、法规规定的范围内开展业务,自主经营,自负盈亏,自我约束,自担风险,其合法的经营活动受法律保护,不受任何单位和个人的干涉。

申请小额贷款步骤:

(1) 申请受理

借款人将小额贷款申请提交给小额贷款公司之后,由经办人员向借款人介绍小额贷款的申请条件、期限等,同时对借款人的条件、资格及申请材料进行初审。

(2) 再审核

经办人员根据有关规定,采取合理的手段对客户提交材料的真实性进行审核,评价申请人的还款能力和还款意愿。

(3) 审批

由有权审批人根据客户的信用等级、经济情况、信用情况和保证情况,最终审批确定客户的综合授信额度和额度有效期。

(4) 发放

在落实了放款条件之后,客户根据用款需求,随时向小额贷款公司申请支用额度。

(5) 贷后管理

小额贷款公司按照贷款管理的有关规定对借款人的收入状况、贷款的使用情况等进行监督检查,检查结果要有书面记录,并归档保存。

(6) 贷款回收

根据借款合同约定的还款计划、还款日期,借款人在还款到期日时,及时足额偿还本息,到此小额贷款流程结束。

2. 农村资金互助社

农村资金互助社是指经银行业监督管理机构批准,由乡镇和农村小企业自愿入股组成,为社员提供存款、贷款结算等业务的社区互助性银行业金融业务。

农村资金互助社实行社员民主管理,以服务社员为宗旨,谋求社员共同利益。

农村资金互助社是独立的法人,对社员股金、积累及合法取得的其他资产所形成的法人财产,享有占有、使用、收益和处分的权利,并以上述财产对债务承担责任。

农村资金互助社的合法权益和依法开展经营活动受法律保护,任何单位和个人不得侵犯。农村资金互助社社员以其社员股金和在本社的社员积累为限对该社承担责任。

农村资金互助社从事经营活动,应遵守有关法律法规和国家金融方针政策,诚实守信,审慎经营,依法接受银行业监督管理机构的监管。

3. 全资贷款公司

贷款公司是指经中国银行业监督管理委员会依据有关法律、法规批准,由境内商业银行或农村合作银行在农村地区设立的专门为县域农民、农业和农村经济发展提供贷款服务的非银行业金融机构。贷款公司是由境内商业银行或农村合作银行全额出资的有限责任公司。

企业贷款可分为:流动资金贷款、固定资产贷款、信用贷款、担保贷款、股票质押贷款、外汇质押贷款、单位定期存单质押贷款、黄金质押贷款、银团贷款、银行承兑汇票、银行承兑汇票贴现、商业承兑汇票贴现、买方或协议付息票据贴现、有追索权国内保理、出口退税账户托管贷款。

贷款公司必须坚持为农民、农业和农村经济发展服务的经营宗旨,贷款的投向主要用于支持农民、农业和农村经济发展。

(1) 在资金来源方面,贷款公司不得吸收公众存款,其营运资金仅为实收资本和向投资人的借款。

（2）在资金运用方面，仅限于办理贷款业务、票据贴现、资产转让业务以及因办理贷款业务而派生的结算事项。

在贷款的发放原则方面，要求贷款公司应当坚持小额、分散的原则，提高贷款覆盖面，防止贷款过度集中。

（3）在审慎经营的要求方面，明确规定，贷款公司对同一借款人的贷款余额不得超过资本净额的10%，对单一集团企业客户的授信余额不得超过资本净额的15%。

农村金融体系建设：加大政策性金融对农村改革发展重点领域和薄弱环节的支持力度，拓展农业发展银行支农领域，大力开展农业开发和农村基础设施建设中长期政策性信贷业务。农业银行、农村信用社、邮政储蓄银行等银行业金融机构都要进一步增加涉农信贷投放。积极推广农村小额信用贷款。加快培育村镇银行贷款公司、农村资金互助社，有序发展小额贷款组织，引导社会资金投资设立适应"三农"需要的各类新型金融组织。抓紧制定对偏远地区新设农村金融机构费用补贴等办法，确保三年内消除基础金融服务空白乡镇。针对农业农村特点，创新金融产品和服务方式，搞好农村信用环境建设，加强和改进农村金融监管，建立农业产业发展基金。

四、农业保险业务

国务院2012年11月颁布《农业保险条例》（以下简称《条例》），明确对符合规定的各种农业保险由财政部门给予保险费补贴，并建立财政支持的农业保险大灾风险分散机制。该条例于2016年2月6日修订并施行。

据专家介绍，农业保险，是指保险机构根据农业保险合同，对被保险人在种植业、林业、畜牧业和渔业生产中因保险标的遭受约定的自然灾害、意外事故、疫病、疾病等保险事故所造成的财产损失，承担赔偿保险金责任的保险活动。《条例》的实施将填补《农业法》和《保险法》未涉及的农业保险领域的法律空白，对确保我国粮食安全意义重大。《条例》明确规定，农业保险实行政府引导、市场运作、自主自愿和协同推进的原则，进行保险活动的保险机构包括保险公司以及依法设立的农业互助保险等保险组织。《条例》还明确，国家支持发展多种形式的农业保险，健全政策性农业保险制度。由国务院保险监督管理机构对农业保险业务实施监督管理。国务院财政、农业、林业、发展改革、税务、民政等有关部门按照各自的职责，负责农业保险推进、管理的相关工作；财政、保险监督管理、国土资源、农业、林业、气象等有关部门、机构应当建立农业保险相关信息的共享机制。

(一) 农业保险的概述

1. 农业保险的概念

农业保险是指专为农业生产者在从事种植业和养殖业生产过程中，对遭受自然灾害和意外事故所造成的经济损失提供保障的一种保险。

农业保险是市场经济国家扶持农业发展的通行做法。通过政策性农业保险，可以在世贸组织规则允许的范围内，代替直接补贴对我国农业实施合理有效的保护，减轻加入世贸组织带来的冲击，减少自然灾害对农业生产的影响，稳定农民收入，促进农业和农村经济的发展。在中国，农业保险又是解决"三农"问题的重要组成部分。

农业保险责任范围的大小及险种的设置是判断一国农业保险事业发展水平的重要标准，一般而言，农业保险的范围越大，一国的农业保险水平就越高。目前，中国的农业保险主要集中在农作物保险和养殖业保险。农作物保险主要是承保自然灾害险，而自然灾害外的社会政治经济风险则属于保险责任以外的，如农药污染、有毒化学物质泄漏等所造成的损失未列入保险责任之内。养殖业保险的责任确定也有类似的情况。从理论角度讲，凡是农业生产中所遭受的各种自然灾害和意外事故均应被保险,可见,现行的农业保险制度所设定的保险险种与中国农业生产不相适应。因此,从严格的经济意义上讲,我国尚未真正建立起农业保险机制。农业保险经营者已无法顾及农业保险对农业发展和农村经济的社会保障作用。

农业保险,关乎国家的粮食安全。目前这项工作正在"试点"之中。面对国际粮价大幅上涨和国内农民种粮积极性不高这样一个严峻形势,农业保险必须尽快"推而广之"。

农业保险,是国家粮食安全的保护伞。当下的农业生产,在很大程度上还是靠天吃饭。而有了农业保险,农民朋友,特别是那些种粮大户,便有了"东山再起"的信心和后劲。就全国来说,只是在"有积极性、有能力,也有条件开展农业保险的省份"搞试点,而像中国第一种田大户侯安杰所在的地方,"他跑了多家保险公司,也没人愿意承接他的农业保险业务",这正表明农业保险亟须"四轮齐转"。

2. 农业保险的特点

(1) 地域性

各种有生命的动物、植物在生长过程中都需要具备严格的自然条件,但是由于各地区的地形、土壤、气候等自然条件的不同,再加上社会经济、生产条件、技术水平的不同,形成了动物、植物地域性的差异。从而决定了农业保险只能根据各地区的实际情况确定承保条件,而不应该强求全国统一的模式。

(2) 季节性

由于农作物的生长受自然因素的制约,具有明显的自然性,这就要求农业保险在展业、承保、防灾理赔过程中,必须对动植物生物学特性和自然生态环境有正确的认识,以便督促被保险人加强农业生产管理。

(3) 连续性

动物与植物在生物学过程中,都是紧密相连、不能中断,并且是相互影响、相互制约的,因此农业保险人员要考虑动植物生长的连续性,要有全面长期的观点。

(4) 技术难度大,经营风险高

农业保险的技术难度大主要是讲:展业难、成保难、理赔难。农村主要是以分散经营为主,就单个农村居住地而言,农业保险人员首先必须了解当地的气候特点,自然灾害发生率,以及主要经营的农作物品种,农业主要耕作的劳动力,信誉度(逆向选择与道德风险)等。仅就农业保险费率的厘定这一项,保险公司必须对各种农作物进行有效地区分,充分了解各年间农作物的损失数,牲畜的品种、死亡率,对区域间进行合理的对比分析,农业保险公司需投入大量的资金、人才、技术。总之,需要投入较高的监督成本。

(5) 政策性

过去开展农业保险是两头怕:一怕农民朋友保不起,二怕保险公司赔不起。所以农业保险一直开展不起来。现在政府为了解决这一问题,实施保费补贴政策,即政府财政为农民保户提供保险费补贴,所以具有一定的政策性。

3. 农业保险的作用

农业是一个弱质产业,自然条件的变化对农业生产影响很大,一场突如其来的洪水、干旱、暴风雨、病虫害等自然灾害直接危及着农业生产。一旦出现巨灾,自我救助的能力在巨灾面前就显得非常脆弱,很难通过自身的行为从巨灾中恢复过来。参加农业保险能够有效地补偿农民在农业生产中由于自然灾害造成的损失,对恢复受灾农民的生产和解决灾后的农民生活能够起到重要作用。

参加农业保险,有利于减少农业生产的灾害损失。自然灾害事件是不可避免的,农业灾害在什么时间、什么地点发生是难以预料的；波及的范围有多大、受损的程度有多深事先也是难以想象的。参加农业保险,可以对受灾农户的损失进行及时、有效、合理地赔款。农民以较小的投入,获得较高的补偿,从而使恢复农业再生产、重新购置生产资料有了资金保障。

参加农业保险,有利于保障农民的基本生活水平。土地收入是农民生活的主要来源,如果遇到自然灾害的袭击,致使土地颗粒无收,血本无归,农民生活就会面临着非常困难的局面。参加农业保险就解决了这个问题,保险公司对农作物在生长过程中遭受人力无法控制的自然灾害所造成的产量、产值或生产费用的损失,负赔款责任。受灾农民及时得到了经济补偿,就可以重建家园,保持一定的生活水平,坚定恢复生产的信心。

参加农业保险,有利于缓解财政救灾的负担。农业生产遭到一般的灾害损失,由保险机构进行赔付。除非发生特大灾害,否则,政府是不用发放救济款的,从而减轻了财政支出的负担。

参加农业保险,有利于为发展农村经济积累资金。大力发展农业保险能使分散的、零星的保险费汇集成巨额的保险基金。农业保险经办机构可把积聚的一部分资金用于农村地区的投资,促进了农村经济的发展。

参加农业保险,有利于培养农民互助合作精神。在农村,实行了家庭联产承包制以后,极大地调动了农民的生产积极性,但是一家一户的孤军奋战特点非常明显。当农业生产遇到自然灾害或意外事故时,在恢复生产中农民有时信心不足,依赖政府和社会救济的思想比较严重。保险采取的是"大数法则",以多数人的钱,补偿少数人的灾害损失。农民只要支付少量的保费,一遇灾害都有获得经济补偿的机会,培养了农民集体互助精神。

参加农业保险,有利于农村金融服务体系的有机结合。建立社会主义新农村,需要有大量的资金作后盾,建立和完善农村金融服务体系是非常重要的。比较完善的金融服务体系应该包括农村信贷机构、农业保险机构、农村投资机构。农业保险对农村信贷和农村投资起着"稳定器"和"助推器"的作用。比如农业银行和信用社发放农业信贷资金支持农业生产,但是,遇到自然灾害农民无力偿还贷款,造成农业信贷资金拖欠、沉淀,对农业银行和信用社相当不利。参加了农业保险,使农业信贷资金收回有了保障,农业银行和信用社就可以放心大胆地发放农业信贷资金。

(二)农业保险的种类

按照承保对象的不同,我们可以把农业保险分为种植业保险和养殖业保险。

1. 种植业保险

种植业通常是指栽培植物以获取产品的生产行业。广义的种植业包括农作物栽培和林果生产两部分。种植业生产是人类生活资料的基本来源,生产的粮食、油料、糖料、蔬菜以及木材和果品等,有的作为生活资料,有的作为工业原料。种植业生产是在土地上利用天然的光、热、水、气条件,通过植物生长机能去转化能量而获得产品。所以,种植业深受大自然中气象灾害的影响以及病虫害和火灾等意外事故的威胁。种植业保险,作为一种分散风险并能在灾后及时提供经济补偿的风险管理手段,越来越被人们所认识,也发挥出越来越大的作用。种植业保险一般包括农作物保险和林木保险两大类。

(1)农作物保险。农作物是指人工栽培的植物,包括粮食作物、经济作物、绿肥和饲料作物等。按上述农作物的不同生长阶段,农作物保险又可具体分为生长期农作物保险和收获期农作物保险。

(2)生长期农作物保险。生长期农作物保险是以齐苗至收获前处在生长过程中的农作物为保险标的的保险。目前,我国开办的生长期农作物保险有:小麦种植保险、水稻种植保险、玉米种植保险、棉花种植保险、烟叶种植保险、甘蔗种植保险等。

（3）收获期农作物保险。收获期农作物保险是承保农作物收获后在进行晾晒、轧打、脱粒和烘烤加工过程中，因遭受自然灾害或意外事故而造成农作物产品损失的一种保险，如麦场夏粮火灾保险、烤烟水灾保险等。

（4）林木保险。林木保险的保险标的主要是指人工栽培的人工林和人工栽培的果木林两大类。原始林或自然林不属于保险标的范围。

（5）林木保险。林木在生长期遇到的灾害有火灾、虫灾、风灾、雪灾、洪水等，其中火灾是森林的主要灾害。目前，我国只承保单一的火灾责任，今后将会逐步扩大保险责任范围。林木保险可以根据未来的生长期确定保险期限，也可以按一年定期承保，到期续保。林木保险的保险金额确定方式有两种：一是按照林木成本确定；二是分成若干档次确定。

（6）果树保险。果树保险根据承保地区主要树种的自然灾害选择单项灾害或伴发性的灾害作为保险责任，对于果树的病虫害一般不予承保。果树保险一般可分为果树产量保险和果树死亡保险两种。果树产量保险只保果树的盛果期，初果期和衰老期一般不予承保；保险期限是从坐果时起到果实达到可采成熟时止。果树死亡保险的保险期限多以一年期为限。

2. 养殖业保险

养殖业是利用动物的生理机能，通过人工养殖以取得畜禽产品和水产品的生产行业。由于养殖业的劳动对象是有生命的动物，它们在生产过程中具有移位和游动的特点，因此，在利用自然力方面，比种植业有较大的灵活性。但是，养殖业也受到自然灾害和意外事故的影响，尤其受到疾病死亡的严重威胁。养殖业保险，是以有生命的动物为保险标的，在投保人支付一定的保险费后，对被保险人在饲养期间遭受保险责任范围内的自然灾害、意外事故所引起的损失给予补偿。这是一种对养殖业风险进行科学管理的最好形式。一般把养殖业保险分为畜禽养殖保险和水产养殖保险两大类。

（1）畜禽养殖保险。畜禽养殖保险是以人工养殖的牲畜和家禽为保险对象的养殖保险。在畜禽养殖保险中，根据保险标的的特点，又可分为牲畜保险和家禽保险。

（2）牲畜保险。牲畜在饲养过程中，面临的灾害风险较大，如疾病、自然灾害或意外事故造成的死亡或伤残。牲畜保险一般根据不同牲畜的饲养风险，选择几种主要的传染病，再加上部分自然灾害和意外事故作为保险责任。但要尽量避免承保与人为因素密切相关的风险。

（3）家禽保险。家禽保险是指为经人们长期驯化培育，可以提供肉、蛋、羽绒等产品或其他用途的禽类提供的一种保险。由于家禽在饲养过程中一般采取高密度的规模养殖方式，因此，承保责任以疾病、自然灾害和意外事故等综合责任为主。

（4）水产养殖保险。水产养殖保险是指对利用水域进行人工养殖的水产物因遭受自然灾害和意外事故而造成经济损失时，提供经济补偿的一种保险。从水产养殖的水域环境条件来分，主要有淡水养殖保险和海水养殖保险两大类。

（5）淡水养殖保险。淡水养殖保险的保险标的主要有鱼、河蚌、珍珠等。淡水养殖保险主要承保因自然灾害或非人为因素造成意外事故所致保险标的的死亡，对因疾病引起的死亡一般不予承保。

（6）海水养殖保险。海水养殖保险是指为利用海水资源进行人工养殖者提供的一种保险。目前，开办的海水养殖保险有对虾养殖保险、扇贝养殖保险等。海水养殖主要集中在沿海地区的浅海和滩涂，因此面临的风险主要是台风、海啸、异常海潮、海水淡化或海水污染等造成保险标的的流失或死亡。海水养殖保险的保险责任主要是自然灾害造成的流失、缺氧浮头死亡等,对疾病、死亡风险一般需特约承保。

第四节 创业风险规避

在市场化的今天,农业创业带头人是推进农村经济发展的杰出人才,是农民增收致富的领头雁。他们是农村改革的必然结果,同样也是现代农业和农村经济发展中的一支"不可替代的生力军"。可以利用当地的一些自然环境做适当的养殖或者结合当地的特殊资源做一些产品,推向市场。但在创业过程中,不能只看到成功,更要看到风险,才能提高创业成功的概率。

一、农业风险概述

"风险"一词的由来,最为普遍的一种说法是,在远古时期,以打鱼捕捞为生的渔民们,每次出海前都要祈祷,祈求神灵保佑自己能够平安归来,其中主要的祈祷内容就是让神灵保佑自己在出海时能够风平浪静、满载而归。他们在长期的捕捞实践中,深深地体会到"风"给他们所带来的无法预测、无法确定的危险,他们认识到在出海捕捞打鱼的生活中,"风"即意味着"险",因此有了"风险"一词的由来。

(一)风险

1. 风险的概念

风险,就是生产目的与劳动成果之间的不确定性,大致有两层含义:一种定义强调了风险表现为收益的不确定性;另一种定义则强调风险表现为成本或代价的不确定性。若风险表现为收益或者代价的不确定性，说明风险产生的结果可能带来损失、获利或是无损失也无获利，属于广义风险。所有人行使所有权的活动，应被视为管理风险，金融风险属于此类。而风险表现为损失的不确定性，说明风险只能表现出损失，没有从风险中获利的可能性，属于狭义风险。风险和收益成正比，所以一般积极进取的投资者偏向于高风险，是为了获得更高的利润，而稳健型的投资者则着重于安全性的考虑。

2. 风险的特点

（1）风险具有客观性。风险是不以企业意志为转移，独立于企业意志之外的客观存在。企业只能采取风险管理办法降低风险发生的频率和损失幅度，而不能彻底消除风险。

（2）风险具有普遍性。在现代社会，个体或企业面临着各式各样的风险。随着科学技术的发展和生产力的提高，还会不断产生新的风险，且风险事故造成的损失也越来越大。例如，核能技术的运用产生了核子辐射、核子污染的风险；航空技术的运用产生了意外发生时的巨大损失的风险。

（3）风险具有损失性。只要风险存在，就一定有发生损失的可能，这种损失有时可以用货币计量，有时却无法用货币计量。如果风险发生之后不会有损失，那么就没有必要研究风险了。风险的存在，不仅会造成人员伤亡，而且会造成生产力的破坏、社会财富的损失和经济价值的减少，因此个体或企业才会寻求应对风险的方法。

（4）风险具有不确定性。风险是不确定的，否则，就不能称之为风险。风险的不确定性主要表现在空间上的不确定性、时间上的不确定性和损失程度的不确定性。

（5）风险具有可变性。风险的可变性是指在一定条件下风险具有可转化的特性。世界上任何事物都是互相联系、互相依存、互相制约的，而任何事物都处于变动和变化之中，这些变化必然会引起风险的变化。例如，科学发明和文明进步，都可能使风险因素发生变动。

(二) 农业风险

1. 农业风险的概念

农业风险，指人们在从事农业生产和经营过程中遭受到能够导致损失的不确定性，这种不确定性一般是难以预测的，即便可以预测，往往人力也无法抗拒。

农业作为基础产业，由于自身的弱质性和生产过程的特殊性，在整个再生产循环过程中面临着许多风险，是典型的风险产业。农业风险一般具有风险单位大、发生频率较高、损失规模较大、区域效应明显，而且还具有广泛的伴生性等特点。

2. 农业风险的特征

(1) 农业风险的多样性。自然风险，指与农业生产密切相关的自然环境的影响，首先自然灾害对农业影响之大是其他行业不可比的。其次是市场风险，指农产品供求失衡导致的价格波动。农产品是一种特殊的商品，因而使得农业市场风险也具有十分明显的特殊性，如农产品需求弹性小，可替代性低和不可缺性，决定了农产品价值的实现较一般工业品的难度大，这使农产品的生产和经营总是处在一种边际效应上。最后是政策风险，指一个国家所执行的农业政策对农业发展的直接影响。农业是基础产业，重要性人们都十分清楚，但在国民经济发展中，"重农"或"抑农"就一直是困扰政策制定者的难题，使得国家农业政策在制定和执行中有时出现偏差。

(2) 农业风险的分散性。农业生产地域广阔，农业风险有较强的分散特点：其一是农业经营多以家庭经营为主，不可能制定统一的衡量风险的标准和操作规范；其二是农业风险被千家万户分散承担,而单个农业经营者很难抵御农业频繁的风险袭击;其三是农业风险还具有十分明显的地域性。

(3) 农业风险的季节性。农业相对其他行业,其经营特点带有明显的季节性。因此,农业风险多伴随着不同的季节出现和发生。这主要表现在:一是农业生产风险的时间性,错过季节,将给农业造成巨大损失;二是农业风险的集中性,受季节的影响。农产品进入市场表现出很强的集中性,同一品种的农业产品基本都在同时上市和下市,容易造成市场季节性饱和及季节性短缺,给农业经营者带来市场风险。

(三) 制度变迁对农业风险的影响

改革开放近三十年来,我国目前正处于经济转型和社会转轨的特殊历史时期,经济社会发展的内外环境发生了一系列深刻的制度变化。制度变迁不仅改变了中国经济与社会发展面貌,也使我国农业生产和经营的微观基础与宏观环境产生深刻影响,进而也对农业风险产生较大影响。其主要表现在以下几个方面:

1. 市场风险日趋复杂

自改革开放以来,我国逐步推行的市场化取向改革有序推进,各种价格管制逐步放开乃至取消,农产品价格基本上由市场供求关系自发调节。这样一来,在农业生产和经营领域,从计划经济时代到市场经济体制的基本确立,市场风险经历了一个由无到有的过程。农业的市场风险效应完全显现出来。在经济全球化、市场国际化及贸易自由化的大背景下,我国农业不仅面临国内市场风险,还面对来自国际市场,诸如价格波动、政策调节、市场操纵等多方面的风险冲击,市场的不确定性空间增大,市场风险的累积效应将会明显增强。我国农业"小生产"与"大市场"的矛盾被进一步放大甚至激化,农业的市场风险因素日趋复杂,市场风险对农业生产和经营的影响将越来越突出,会逐渐成为主导农业风险的主要因素。

2. 各种风险因素参差交错

目前,我国正处于经济转轨和社会转型时期,各种来自体制内外、国内和国际的风险因素广泛类聚,农业面临着许多难以预期的各种风险。农业风险呈现多样化发展趋势,各种风险因素参差交错,更加重了其不可预期性。农业面临的风险种类繁多,且呈现日趋增长、多元化发展的趋势,各种风险相互联系、相互影响。农业风险的客观存在、多元化发展,使得农业经营面临着诸多不确定性。特别是伴随着信息社会的到来,农业风险的扩散和传递将更为迅速,这必然会影响到农业生产的正常发展和农民收入的稳定。我国农业生产和经营将会进入一个"高风险"时代。我国农业和农村的经济社会发展与世界经济和人类社会大环境变化的关系更为密切,开放型的农村经济发展除了要承受自然灾害带来的风险之外,还将承受更多的来自于市场、经济、技术和社会等各种不确定性及其风险的影响。而且这些风险因素经常会交织在一起,加大人们社会经济生活中的不确定性,将使农业风险的管理问题变得更为复杂。这也要求我们对农业风险进行有效管理,构筑系统的风险防范体系。

3. 农业风险管理模式走向市场化

人类社会生存和发展的历史,也是一部与风险不断博弈斗争的历史。在多年的实践经验中,我国社会传统的依靠政府援助与社会救济为主的风险管理模式已经越来越显露出其内在的局限性,这种依靠政府补贴的模式与市场经济的原则发生冲突。从国外的实践来看,农业保险和农产品期货是防范产量风险和价格风险的有效手段,对于农业风险管理具有重要意义。经过多年的不断探索,我国的农业风险管理市场从无到有，农业保险市场和农产品期货市场日趋壮大，初具规模，具备了大力发展的条件。我国已经具备了建立以市场导向为主的农业风险管理模式的基本条件。

4. 农业风险管理手段日趋多样化

相对于传统农业，现代农业是产业化、科学化、现代化的农业。发展现代农业，要用现代物质条件装备农业，用现代科学技术改造农业，用现代产业体系提升农业，用现代经营形式推进农业，用现代发展理念引领农业，用新型农民发展农业，从而提高农业水利化、机械化和信息化水平，提高土地产出率、资源利用率和劳动生产率，提高农业素质、效益和竞争力。现代农业在我国的发展已经稳步推进。在发展现代农业的过程中，人们逐步认识了农业风险，积累了许多农业风险管理的方法和手段。农业风险管理手段日趋多样化，如"订单农业""合同农业""垂直一体化"、种植业保险、养殖业保险、套期保值等农业风险管理手段纷纷呈现，丰富了我国农业风险管理的内容和方式。这为我们构筑现代农业风险管理体系提供了工具基础。

二、农业风险类别

风险按照产生原因可分为：自然风险、社会风险、政治风险、经济风险、技术风险；按照风险标准可分为：财产风险、人身风险、责任风险、信用风险；按照风险性质可分为：纯粹风险和投机风险；按照风险影响分类：基本风险、特定风险。农业企业的生产运营过程集自然再生产和经济再生产于一体，这导致农业企业面临的风险具有自身的行业特征。

(一) 农业风险的分类

1. 自然风险

农产品生产的周期性、自然灾害的客观存在、农业生产力水平较低,这些都会给农民带来风险。有些自然灾害是可避免的,有些是不可避免的,农民单家独户所面临的风险更大。这些自然灾害对农业产业公司的威胁可能会是带来灭顶之灾。自然风险主要划分为两个方面:

(1) 自然资源风险。自然资源风险可以理解为正常条件下的自然环境风险。农业企业生产的自然特性与其所占用资源的量、质和地理位置都密不可分,并在很大程度上直接决定了农业企业经营业绩的好坏。在数量方面,相关资源的短缺(如水资源和土地资源)会严重影响农业企业的生产营运。在质量方面,环境污染对资源质量所带来的不利影响,会从根本上影响农业企业的经营效益。与此同时,资源的地理位置也直接决定了农业企业的营运成本,距离越远,运输成本越高,交通不便也会使成本提高。

(2) 自然灾害风险。自然灾害风险可以理解为异常条件下的自然环境风险。由于农业的生产特性,自然因素对农业的影响相比其他行业更为敏感和严重。我国是世界上两条巨灾多发地带(即北半球中纬度重灾带和太平洋重灾带)都涉及的国家,气候变化大,灾害种类多且发生频繁,这些都给农业生产带来了巨大的损失。近年来,我国每年农田受灾面积达 0.467 亿公顷以上,受灾农作物面积占农作物播种总面积的 20%~35%,造成粮食损失 200 亿千克。其中干旱、洪涝、冷灾、寒害是我国最主要的农业天气灾害。自然灾害一方面会影响农业企业的产量,另一方面还会影响农业企业的产品质量,这些都会增加农业企业的风险,造成农业企业效益不稳定。

2. 技术风险

技术风险，指由于农民缺乏农业技术或某些技术在应用后产生的不确定副作用，对农业生产经营活动所造成的损失。技术风险轻者可以造成减产、效益下降，严重者造成绝收，从而导致血本无归。

（1）农民技术水平的风险。农业的技术风险来自于农业技术经济绩效的不确定性、农业技术应用的复杂性和农民的素质状况。过去小农式自给自足的生产方式，靠"干中学"的经验来控制风险，这一问题尚不突出。随着高新技术农业开始出现，农业大量使用新设备、新技术，但技术服务队伍和组织机构缺位，新的农业技术推广体系还未完全形成。随着农业市场化步伐的加快，农民对科技的需求量大幅度增加，农业生产越来越依靠新技术、新产品，农业经营者的技术风险日益加大，对农产品质量标准、生态环境和能源的要求越来越高，经营这类产品的风险也在相对提高。

对新技术理解的偏差和操作的失误都可能对农业生产造成直接经济损失和灾难性的后果。例如，对家禽行业来说，疫病控制就是养殖成败的关键问题之一，只有解决了疫病问题，才能够保证产品进入市场、参与竞争。因此，在生产中所运用的疫病防控策略、措施和方法不得当，是产生经营风险的重要因素。

（2）农业技术适应性风险。每一项农业技术都对外界环境有较为严格的要求，这是技术的适应性特点。环境通常有两类：自然环境和社会环境，如遇自然条件发生变化不能满足其技术要求，则技术优势不能显现，其收益可能与预期的相去甚远，这里技术风险因自然风险而引起。自然再生产形成的风险，主要表现为气候变化、病虫害发生等因素对新科技成果采用后产生的影响。农业生产中引进的新作物、新品种科技含量高，经济效益好，但有时由于研究者缺乏全面系统的考虑，或由于研究条件的限制，在其推广应用过程中同时存在着风险。

3. 市场风险

农户还面临产品销售不畅、价格偏低、价格不稳定或者受到竞争对手的挤压而带来的市场风险。

(1) 市场价格不确定性风险。随着计划经济体制向社会主义市场经济体制的转轨，在市场经济下，农产品的价格变化主要受供求关系影响。由于农产品受自然灾害、意外事故、种植结构等多种因素的影响，都有可能造成农产品市场供求的波动，导致价格的不确定性，使农业生产面临着风险。

(2) 市场需求多样多变性风险。随着现代人们生活水平普遍提高，人们对农产品需求并不仅仅停留在追求数量的阶段，而转向数量与质量兼顾，并以质量为主的阶段。而且人们对农产品的市场需求弹性不足。

倘若农民不能依靠市场需求去组织生产，那么即使农业有较大幅度的增产，农民的收入仍不可能有很大的提高。农产品生产经营周期长，价格调节滞后，且需求弹性和收入弹性较小，如果农业生产者在趋同经济行为指导下盲目以价格作为调整生产的准则，很容易形成卖难、买难周而复始的恶性循环，导致农产品市场价格骤升骤降，生产随之大起大落，使得农产品市场风险程度明显加深。

(3) 市场预测偏差性风险。因为农民掌握信息的局限性，农民对市场的判断、预测经常出现失误、偏差而造成无法挽回的损失。造成这种结果，一方面因为市场需求的难以预测性，另一方面因为农民自身思想意识和知识水平有限，对市场信息的分析和把控能力有限，而且农户多居住在乡村和边远地区，交通不便、信息不灵，又缺乏传导信息的各种组织，从而容易做出错误的预测和判断。

(4) 农业宏观政策变动风险。政府所做出的各种农业经济政策及其稳定性，都会给农业带来不少风险，如农用生产资料价格失控及收购资金不能及时到位等。

4. 订单风险

农业订单是指农户根据其本身或其所在的乡村组织同农产品的购买者之间所签订的订单，组织安排农产品生产的一种农业产销模式。但是农民往往处在弱势群体的地位，由此产生了订单风险。

(1) 农民违约的风险。在农业现代化过程中，农业订单的经营主体之间的联系或紧密或松散，而合同是受法律严格保护的。但是，如果缺乏浓厚的法律氛围和公民法律意识普遍淡薄，违约就会产生。在有的情况下，当签订合同后，如果市场价格高于合同价格，农民往往不将农产品出售给龙头企业，而是直接到市场上去出售，从而使签约的龙头企业遭受损失。由于这种行为通常涉及面很大，加之农民是弱势群体，在"法不责众"的惯例下，法律监督往往难以奏效。

(2) 企业违约的风险。违约行为也在龙头企业身上时有发生，当市场价格低于合同价格时，龙头企业也可能违约，不按既定的合同收购经营主体的农产品，而到市场上去交易。而当企业不执行合约时，由于关系的作用和地方出于保护税源的目的，企业被惩罚的概率也相当小。这种合约中的"机会主义"行为严重地损害了农业创业者的运行效率，产生了很大的交易风险。

(3) 自然灾害的风险。自然灾害风险表现在两个方面，一是影响产量，灾害造成的减产或不产，使得在订单履约期内，农户无法按订单要求提供出相应数量的农产品，进而也就谈不上履行订单合同；二是影响质量，旱害、冷冻害、病虫害等灾害在使产量受到影响的同时，也使农作物的品质出现下降，造成低质。而品质要求又往往是订单农业条款中的重要一项，企业在收购不到企业生产所需质量要求的产品时，自然就不愿意履约，致使订单违约。

（4）企业融资的风险。融资难、融资渠道不畅一直是农业企业发展的桎梏。当前，农业企业的资金来源主要还是靠自我积累和滚动发展，金融机构的信贷支持是很有限的，由于体制因素，使得银行对农业企业"惜贷"心理严重，同时也由于农业企业自身素质的缺陷，使银行对其贷款存在着诸多困难。一是农业企业一般是高小微企业，往往缺乏足够的固定资产来做抵押，同时农业企业由于本身信用的缺失、担保体系的不健全造成企业寻求银行贷款的难度加大；二是农业企业经营透明度低，缺乏规范的会计制度，并且由于农业企业规模小、经营方式灵活、生产的不确定性大，银行不好固定跟踪，从而使得银行监督企业的成本高昂，致使银企间信息不对称，银行对贷款企业的监管困难；三是农业生产周期长、效益低、风险大等因素的存在，致使银行不敢也不愿意向农业企业贷款。在这些因素的共同作用下，银行更偏好于向大型的工业企业贷款，而不愿意向中小型的农业企业贷款，形成了农业企业融资难的症结。资金的缺乏，使农业企业在履行订单合约时常常处于有心无力的状态。"禁止向农民打白条"是国家为维护农民利益所再三强调的政策；同时，农户在履行订单合同时，看不到现金支付也不愿意将产品卖给企业。在这种情况下，订单合同也就成了一张废纸，违约现象也就随之发生。

5. 农资的风险

（1）来自非法经营者的风险。在农资销售旺季，一些不法商贩走村串户销售劣质农药、化肥，而农户出于便利、价格等因素经常会去购买；有些经营者还打着"科技下乡""扶贫支农"的旗号销售劣质农资坑害农民。个别地区的不法分子采取地下流通、异地销售或者与监管部门打"时间差""游击战"等方式逃避监管，我国农资经营行为有待进一步规范。

(2) 来自虚假标识的风险。化肥有效含量不足、虚假标识等现象比较突出。有的不法分子利用虚假标识、偷减化肥有效成分含量等手法坑害农民,这是当前化肥造假的主要手段之一。一些不法分子还采用给化肥取个洋名字、标注国外企业名称监制或授权等方式,冒充进口化肥是近年来较为突出的现象,使农民群众混淆和误认。据调研,农民每年因假冒的农资造成的损失占农民年收入的10%~15%。

(3) 产品使用的风险。农资商品标签和使用说明不规范现象比较突出,特别是农药标签无中文通用名称、无注意事项说明,农药毒性标志不规范、任意扩大防治对象等问题比较突出,加上农民缺乏对化肥识假辨假知识,对农产品质量安全构成潜在的威胁。

(4) 农资价格的风险。全国农资市场普遍涨价,生产资料的价格上涨吞噬掉了农产量和农产品价格上涨所带来的利润空间,影响农民增收和农民对农业的投入,带来了农业效益的波动,遏制了农业增效的潜力,农民经常会感受到涨价带来的压力。但要把涨价带来的压力转移到出售农产品的环节并不是一件容易的事情,农资价格上涨造成的损失约占农民年收入的13%。

6. 其他风险

(1) 资产风险。目前农业市场化程度提高,在规模扩大的同时投入也增加,而农业投资具有锁定性,农业固定资产的专用性导致农业经营的风险,造成沉没成本加大,从而产生资产风险。比如投入建设一个养鱼池,就只能用来养鱼,要马上转作其他用途是不行的,那么养鱼池的成本就是沉没成本,具有不可逆性,这种永远无法回收的成本给农业企业带来了损失。

(2) 观念风险。一般而言,管理者风险意识淡薄、忽视危机的征兆、不重视对风险的监测都是企业未能对不确定性做出恰当和及时的反应的原因。目前，我国大多数农业企业起步较晚，且以小型企业居多，对加强风险管理没有给予足够的重视。可以说，风险观念不强是农业企业不可忽视的一个问题。

(二) 创业风险产生的原因

1. 创业风险的来源

研究表明，由于创业的过程往往是将某一构想或技术转化为具体的产品或服务的过程，在这一过程中，存在着几个基本的、相互联系的缺失，它们是上述不确定性、复杂性和局限性的主要来源，也就是说，创业风险往往直接来源于这些缺失。这些缺失主要包括：

（1）资金缺失。有钱的创业不一定能够成功，而没有钱创业一定不能够成功。创业者可以证明其构想的可行性，但往往没有足够的资金将其变为创业现实。

（2）论证缺失。论证缺失主要是指创业者仅凭个人兴趣去研究和判断市场的潜力，当一个创业者认为某项技术突破可能产生某种创业机会时，他仅仅停留在自己满意的论证程度上。然而，在将创业预想真正转化为创业行为时，由于产品成本与预期收益的落差、实际消费和市场预期容量的落差等不确定因素，这种程度的论证便不可行了，这种论证的缺失导致了创业风险的产生。

（3）信息和信任缺失。信息和信任缺失存在于技术人员和创业者之间。也就是说，创办一个企业，需要不同类型的人一起共同合作，需要拥有技术人员、管理人员等。技术人员将会提供可靠的技术信息，管理人员将会采用一定的管理模式，两者在实际工作中有时会因岗位的信息差异而产生意见分歧。一个好的创业者需要具备专业知识、领导能力、创新意识、协作精神等多种素质，如果创业者某些方面的素质不具备或存在较大的欠缺,不能协调这些冲突,会增加企业的风险,增加失败的可能。如果技术人员和管理人员之间不能充分信任对方,或者不能够进行有效的交流,那么这一缺失将会变得更深,从而带来更大的风险。

(4) 资源缺失。资源与创业者之间的关系就如同颜料和画笔与艺术家之间的关系。没有了颜料和画笔,艺术家即使有了构思也无从实现。创业也是如此,没有所需的资源,创业者将一筹莫展,创业也就无从谈起。在大多数情况下,创业者不一定也不可能拥有所需的全部资源,这就形成了资源缺失。如果创业者没有能力弥补相应的资源缺失,要么创业无法起步,要么在创业中受制于人。

(5) 管理缺失。管理缺失是指创业者不一定是出色的企业家,不一定具备出色的管理才能。创业活动主要有两种:一是创业者利用某一新技术进行创业,他可能是技术方面的专业人才,但却不一定具备管理才能,从而形成管理缺失;二是创业者往往有某种"奇思妙想",可能是新的商业点子,但在整体规划上不具备相应的才能,或不擅长管理具体的事务,从而形成管理缺失。

2. 农产品市场风险的成因

(1) 农业自身弱质性的产业特征。无论是传统农业,还是现代农业,都是一个经济再生产与自然再生产相交织的过程,这个本质特性决定了农业具有天生的弱质性。首先,自然灾害可能对农业生产带来的损失是超出人们控制的;其次,多数农产品是鲜活产品,难以长期保存,如果出现滞销积压的情况就极易腐烂,给农业生产者带来损失;第三,农产品生产具有季节性特征,生产周期长,其供给调整远远滞后于市场的变化,这种不对称使农产品供给与市场价格的反应有时滞后,市场价格波动所造成的风险基本上由农业生产者承担。

（2）农产品市场存在着信息不对称。农产品市场中，蛛网效应的存在是必然的。市场信息不对称就是在交易过程中双方接受的市场信息不一致。造成市场信息不对称的主要原因是交易双方中的一方（三方中的两方）的主观故意，由此给经营者带来信息不确定性的风险。现代经济学证明，不确定性是影响人们经济行为和经济决策的重要变量，由于人们的风险偏好不同，人们对不确定性的不同判断，将会导致不同的行为预期和行为选择。市场交易的参与人数越多，信息就越不完备和不对称，道德风险、逆向选择、"搭便车"等机会主义行为发生的概率就越高。单个农户购买生产资料、销售自己生产加工（初加工）的农产品时，就面临着因为交易对象众多而带来的高度不确定性，而市场的不完整、市场信息不畅通、市场交易条件经常变化以及农产品市场的近乎完全竞争特征等，都在加剧这种不确定性的程度。

（3）小规模农业生产方式，缺失定价话语权。我国农产品市场一直处于一种"小生产、大市场"的状态，分散的小规模生产方式，决定了我国农民对农产品市场价格缺少影响力，农民成为农产品市场风险的主要承担者。农民缺少农产品价格谈判的优势，在市场竞争中处于不利的地位，这种情况下，农产品市场价格的决定权集中在少数经销者手中，农民只是价格的被动接受者。

以家庭小规模生产为主体的农户在信息不完全与信息不对称的双重制约下显得无所适从，从而降低了市场效率，弱化了农民的利益谈判地位。伴随着中国入世与农业市场化开放程度的不断提升，农业生产经营活动在获取了更广阔的市场空间的同时，将面临着更大市场波动的风险。而农业日趋明显的边际报酬递减趋势，使农业投入产出效率的获取面临着比非农业产业更大的市场风险。

（4）农产品流通环节价格的增加。随着市场经济的不断发展，农产品流通环节的专业化,减少了农民自销产品的时间和成本,在一定程度上解决了农民销售农产品难的问题,缩短了农产品流通周期。但是,这种传统的从产地批发到销地批发、再到零售的农产品流通渠道,存在着流通链条长、交易环节多、物流成本高的弊端。农产品流通领域的专业化发展趋势,将许多社会因素引入到农产品价格的形成体系中,某个环节的某一项成本发生变化,都会通过这个流通链条传递到最终的农产品价格上,从而造成农产品价格的形成存在着更多的不确定性因素,加剧农产品市场的风险性。

(5)国际国内市场变化。随着农业市场开放程度的进一步提高,市场空间范围不断扩大,市场领域不断扩充,市场交易内容不断丰富和更新,因此很容易分担由世界市场波动引发的风险。加入WTO,除了机会,我们还将面临更多的挑战,农业市场风险也会增加。

(6)农业生产周期长,价格调节滞后。农业生产周期长,生产决策与产品销售在时间上被分割,农产品受市场变动影响的供求变化往往需要一个过程,决定了农业生产对市场变化的适应能力差,容易遭受市场风险。当农产品供不应求或供过于求时,潜在的供求均衡绝对先于市场上的供求均衡,而只要潜在的供求均衡先于市场上的供求均衡,就一定有供给大于需求或供给小于需求的可能。所以,只要生产调整需要一定时期,价格调节滞后性就无法消除。价格调节滞后是造成农业生产周期波动的根源,而价格风险也因此成为农业市场风险的"凝聚物"和"承载体"。

(7)农产品加工环节薄弱。在农产品集中上市时,容易发生供过于求的现象,这样大量的农产品就会出现积压,而像水果、肉类等农产品又不容易保存,由此产生的市场风险会给农民造成很大的损失。如果能够把更多农产品用于保鲜贮藏和加工转化,再根据市场需求均衡上市,不仅能扭转收获季节集中上市引发的卖难问题,而且还可增加水果的附加值,由此来减缓市场风险,增加农民收入。

三、农业创业风险规避

(一) 农业创业风险管理概述

1. 农业风险管理的概念

农业风险管理是指运用适当的手段对各种风险源进行有效的控制,以减少农业的波动,并力图以最小的代价使农民获得最大的安全保障的一系列经济管理活动。农业风险管理既是影响农业发展以及国民经济发展状况的一个基本管理范畴,也是现代农业生产活动中一项不可或缺的组成部分。其主要功能有两个:一是减少农业风险发生的可能性;二是降低农业风险给农民造成意外损失的程度。

农业风险管理措施可以从不同的角度进行分类。从管理层次上,可以分为微观的风险管理措施和宏观的风险管理措施;从管理方法上,可以分为经济类管理措施和物质技术类管理措施;从风险来源上,又可以分为自然风险类管理措施和市场风险类管理措施。

2. 农业风险管理体系的基本结构

农业风险管理体系必须建立在整个农业产业链中,从农业生产前,到农业生产中,再到农业生产后,各个环节之间的风险管理措施需要有效协调。不同产业链环节的主要风险存在一定的差异,而且风险的作用方式也不相同。通过剖析不同风险的作用机制,寻求有针对性的管理方式然后科学地进行风险管理方式组合,最终实现有效风险管理的目标。风险管理方式的选择必须满足三个要求:一是有针对性地解决该环节的主要风险;二是保证该环节风险管理方式之间的协调;三是实现与其他环节风险管理方式的关联。当然,具体实施时要充分考虑到不同农产品产业链的差异,以保证风险管理体系的有效运作。

(1) 农业生产前。农业产业链的产前环节主要指农业生产前期的准备和投入阶段,包括生产资料的供应,如种子、化肥以及农户决策和预期,如种植结构、方式等。该环节主要风险是市场风险和资产风险。产前环节的风险管理方式可考虑生产资料补贴、供应链体系、信息服务等。生产资料补贴稳定了农户的购买能力,缓解了价格波动的冲击;供应链体系保证了购买渠道,降低了交易成本。生产资料补贴可利用供应链体系以降低操作成本、提高补贴效率,而信息服务作为软要素也可与供应链体系结合,保证了风险管理方式之间的协调;生产资料补贴通过稳定农户投入,能够提高农业保险的需求,供应链体系能够带动技术推广体系的完善,实现了与产中环节风险管理方式的紧密联结。

(2) 农业生产中。农业产业链的产中环节指农业基本产品的生产过程,包括自然作用,种植管理,如田间管理以及技术投入,如抗病虫害技术应用等。该环节的主要风险是自然风险和技术风险,同时也受到资产风险等影响。产中环节的风险管理方式可考虑农业保险、技术推广和服务体系、风险基金等。农业保险结合农业风险基金以重点应对自然风险,技术推广和服务体系用来稳定农业技术的供给、降低技术风险的冲击。风险基金可协调农业保险的政策性问题,技术推广和应用则能推动农业保险的创新、提高农业保险的需求;风险基金也可配合新技术的推广和应用;农业保险通过稳定收益水平以保障产后环节中套期保值的顺利实施,技术的推广则为订单农业提供了基本条件,而风险基金与价格支持相互协调以实现风险管理的低成本和高效率。

(3) 农业生产后。农业产业链的产后环节指农业基本产品的销售、流通、加工以及产业链的延伸过程。该环节主要风险是市场风险和制度风险，同时也受到资产风险等的影响。此外，农业企业作为这一环节的重要生产主体，还将面对一般企业的潜在风险。产后环节的风险管理方式可考虑期货市场和基金、订单农业、价格支持等。期货市场可转移市场风险，同时可考虑创立政府引导型的期货投资基金来解决分散农户利用期货市场的困难；价格支持体系的建设推动农业支持政策的完善，并为制度风险的应对提供借鉴；订单农业能够保障农业企业套期保值的顺利实施，也使农户间接利用了期货市场。套期保值锁定的价格降低了订单农业的违约风险，价格支持也能很大程度上保证订单农业的稳定运行，并能够与下一周期的生产资料补贴相互协调。订单农业可以利用产前环节的供应链体系并为其完善提供引导。期货市场和基金通过转移价格风险、稳定农业收益、提高农业生产者"净值"，降低了产中环节农业保险的道德风险，并为农业保险的设计和优化提供了条件。

3. 中国农业风险管理面临的困境及其原因

我国存在着农业高风险与农业风险管理低效率的困境。农业风险表现出自然风险、市场风险、制度风险、技术风险和资产风险等复杂性。然而，农业风险管理却面临一系列的困难。

农业保险存在外部性、道德风险和逆向选择、农业系统性风险以及商业保险与政策性保险边界不清等问题。灾害救济是当前我国农业风险处理方式中最为普遍的形式，但它存在事后性的局限。价格保护、农业补贴作为稳定农业发展、降低农业风险的措施正在逐渐被利用，但其基本出发点不是应对农业风险。期货市场受效率水平、农业生产者的参与难度等因素影响，难以充分发挥其风险转移的作用。订单农业作为一种风险转移措施，也表现出直接或间接的缺陷。订单农业中，农户不履约或企业拒收、压级压价及拖欠贷款等造成信用风险,而农业专用性资产的投入则导致"敲竹杠"问题,使农业陷入更大的风险中。此外,还有一些其他的农业风险管理方式被尝试或研究,如紧急贷款、信息服务、基础设施建设、研究和推广新品种及多样化种植等,但总体的效率不高。中国农业风险管理面临困境的原因如下:

(1) 农业风险类型的关联性。不同类型风险之间以复杂的关联性作用于整个农业生产经营过程。干旱、洪水等自然风险直接导致农业产量和质量下降,从而影响市场供求平衡,推动农产品价格的波动,市场风险加大;市场价格波动会作用于政策的制定,而制度变迁能否符合客观需求的不确定性会增强制度风险,如我国粮食流通体制的反复便是在粮价波动下催生的;技术创新和应用自身具有风险的同时,一方面会传递给市场风险,另一方面也可能推动制度变迁,如转基因农产品会通过产量的增加影响价格,并可能带来农产品安全和市场准入制度的变化;资产风险会影响农户的投资决策,改变他们的市场参与方式,同时专用性资产带来的问题也会刺激技术和制度的变迁。

(2) 农业风险管理方式的孤立性。农业风险管理方式基本处于相互孤立的状态,缺乏一定的协调性和关联性。如果单独处理一种农业风险,相对应的风险管理方式也许能产生有效的作用,但由于风险之间复杂的相互作用会使某种风险放大,在此情况下孤立的风险管理方式将表现出低效率。仅仅针对某种程度的市场风险,价格支持措施可能会较好地稳定市场,但当面临自然风险的冲击时,仍保持原来的价格支持水平,将难以得到预期的效果;在一定的制度环境下,某一风险管理方式能够稳定农业投入和生产,但当制度变迁发生后,它的有效性则可能会受到影响,如土地承包经营制度的变化可能会削弱生产资料补贴和技术推广的效果;市场波动状况变化,制度的有效性和稳定性也可能会受到影响,如粮食直补政策的效果将被生产资料价格波动大幅度削弱,其政策稳定性将受到冲击。

(3)农业风险管理方式与风险防范的排斥性。在一定条件下,农业风险管理方式与农业风险防范可能会存在内在的排斥性,甚至会放大某一风险对农业的冲击,或者说农业风险管理方式自身也存在着风险,即"农业风险管理方式的风险"。当面对自然风险而孤立采用灾害救济时,很可能会由于道德风险和逆向选择的问题而改变农户的决策行为,从而导致资产风险的上升;为降低市场风险而采取的价格支持措施有可能会改变政府政策选择偏好,带来制度变迁的不稳定,如最低收购价可能会阻碍农产品流通体制改革的稳定实施;为降低技术风险而加大技术投资和推广力度,有可能会带来农产品价格的更大不确定性以及农产品市场制度的不稳定。农业风险类型的关联性与风险管理方式之间的孤立性是导致我国农业风险管理困境的根本原因,认清这一根源是解决困境的前提。

现代产业组织理论认为,将从事农业生产、加工、流通、科研、推广以及相关领域的企事业单位和个人联合起来,形成"风险共担、利益共享"环环相扣的产业链,可以极大地提高农业产业化组织程度,增强市场竞争力,保护和提升我国的农业产业。在该产业链中,生产和加工(流通)两大环节最为关键,农户和加工(流通)企业合作的紧密度决定了整个农业产业的组织化程度。具体而言,在政府、协会以及各种农业合作组织的统一协调下,广大农户与农产品加工(流通)企业通过合同或契约结成一体化组织,农产品加工(流通)企业向农户提供良种、化肥、农药和技术服务,农户严格按照农产品加工(流通)企业规定的生产流程和技术要求进行生产,并向其供应保质保量的农产品,农产品加工(流通)企业按照约定的价和量与农户进行交易,这种合作越紧密,组织化程度就越高,市场竞争力就越强。然而，这种合作的紧密性和持续性，决定于是否建立在公正、公平和对等原则基础上的利益共享和风险共担的有效制度和机制。而我国小规模农户极其脆弱的风险承受力和农产品加工（流通）企业有限的抗风险能力，加之农业产业高风险特征和中国农业产业有效风险管理工具的缺失，使得农产品生产农户和加工（流通）企业在遭遇较大风险冲击时，为了自身生存和利益而常常违约，使这种一体化组织变得相当脆弱，农户和加工（流通）企业可以"利益共享"，却很难"风险共担"。

农业产业所面临的最主要风险为自然风险和市场风险。在市场经济发达国家，自然风险的有效管理工具是作物保险，作物保险将生产者遇到的自然灾害风险分散予众多的投保者；市场风险的有效管理工具是订单农业（营销合约）和期货市场，订单农业将生产者面临的市场风险转移给购买产品的贸易商和加工企业，而贸易商和加工企业又可以通过期货市场将这些市场风险转移或分散给市场中的投机者，期货市场中众多的投机者愿意在冒巨大风险的同时享有巨额利润。市场发达国家成熟的风险管理工具和完善的风险管理体系保证了农业产业中各类生产经营主体紧密及稳定的合作关系。而我国由于相关风险管理工具缺失且不规范，农户在遭遇自然灾害风险后常常无力进行灾后重建，在无保险情况下也很难得到安全性要求。面对市场风险，近年来一些农户也利用订单农业方式试图将风险转移给贸易商或农产品加工企业，由于国内农产品贸易商和加工企业普遍缺乏市场风险（包括国内和国际市场）、管理意识和管理经验，无法利用期货市场这一现代市场风险管理工具转移和分散风险，也没有行业性管理机构从产业链角度进行一体化风险管理的设计和指导，当市场发生不利于自身的变动后，农产品加工企业要么履约后蒙受巨大损失甚至破产，要么只能通过拒收、压级压价、拖欠货款等方式将风险转嫁回广大农户,违约而失信于农,使双方关系破裂。因此,在农业产业风险管理工具缺失和一体化风险管理体系缺乏状况下,最终只能导致农户和农产品加工(流通)企业"风险自担,利益独享",农户和加工(流通)企业无法成为真正意义上的一体化组织,农业风险管理自然会陷入"非不为也,实不能也"的窘境中。

(二)农业创业风险的识别

1. 风险识别的概念

风险识别是指在风险事故发生之前,人们运用各种方法系统地、连续地认识所面临的各种风险以及分析风险事故发生的潜在原因。风险识别过程包含感知风险和分析风险两个环节。

(1)感知风险。即了解客观存在的各种风险,是风险识别的基础。只有通过感知风险,才能进一步在此基础上进行分析,寻找导致风险事故发生的条件因素,为拟定风险处理方案,进行风险管理决策服务。

(2)分析风险。即分析引起风险事故的各种因素,它是风险识别的关键。

2. 风险识别的内容

(1)环境风险。环境风险是指由于外部环境意外变化打乱了企业预定的生产经营计划而产生的经济风险。其一般有:①国家宏观经济政策变化,使企业受到意外的风险损失;②企业的生产经营活动与外部环境的要求相违背而受到的制裁风险;③社会文化、道德风俗习惯的改变使企业的生产经营活动受阻而导致企业经营困难。

(2)市场风险。市场风险是指市场结构发生意外变化,使企业无法按既定策略完成经营目标而带来的经济风险。其主要有:①企业对市场需求预测失误,不能准确地把握消费者偏好的变化;②竞争格局出现新的变化,如新竞争者进入所引发的企业风险;③市场供求关系发生变化。

(3) 技术风险。技术风险是指企业在技术创新的过程中,由于遇到技术、商业或者市场等因素的意外变化而导致的创新失败风险。其原因有:①技术工艺发生根本性的改进;②出现了新的替代技术或产品;③技术无法有效地商业化。

(4) 生产风险。生产风险是指企业生产无法按预定成本完成生产计划而产生的风险。产生的因素有:①生产过程发生意外中断;②生产计划失误,造成生产过程紊乱。

(5) 财务风险。财务风险是指由于企业收支状况发生意外变动给企业财务造成困难而引发的企业风险。

(6) 人事风险。人事风险是指涉及企业人事管理方面的风险。

3. 风险识别的原则

(1) 全面周详的原则。为了对风险进行识别,应该全面系统地考察、了解各种风险事件存在和可能发生的概率以及损失的严重程度,风险因素及因风险的出现而导致的其他问题。损失发生的概率及其后果的严重程度,直接影响人们对损失危害的衡量,最终决定风险政策措施的选择和管理效果的优劣。因此,必须全面了解各种风险的存在和发生及其将引起的损失后果的详细情况,以便及时而清楚地为决策者提供比较完整的决策信息。

(2) 综合考察的原则。风险损失一般分为三类:一是直接损失;二是间接损失,间接损失有时候在量上要大于直接损失;三是责任损失,它是因受害方对过失方的胜诉而产生的。风险损失要从这三个损失综合考虑,忽视任何一个损失,都可能造成被动。

(3) 量力而行的原则。风险识别的目的就在于为风险管理提供前提和决策依据，以保证企业、单位和个人以最小的支出来获得最大的安全保障，减少风险损失。因此，在经费限制的条件下，企业必须根据实际情况和自身的财务承受能力，来选择效果最佳、经费最省的识别方法。企业或单位在风险识别和衡量的同时，应将该项活动所引起的成本列入财务报表，做综合的考察分析，以保证用较小的支出，来换取较大的收益。

（4）科学计算的原则。对风险进行识别的过程，同时就是对生产经营状况及其所处环境进行量化核算的具体过程。风险的识别和衡量要以严格的数学理论作为分析工具，在普遍估计的基础上，进行统计和计算，以得出比较科学合理的分析结果。

（5）系统化、制度化、经常化的原则。风险的识别是风险管理的前提和基础，识别的准确与否在很大程度上决定风险管理效果的好坏。为了保证最初分析的准确程度，就应该进行全面系统的调查分析，将风险进行综合归类，揭示其性质、类型及后果。如果没有科学系统的方法来识别和衡量，就不可能对风险有一个总体的综合认识，就难以确定哪种风险是可能发生的，也不可能有较合理的选择控制和处置方法，这就是风险的系统化原则。同时，由于风险随时存在于单位的生产经营活动过程之中，所以风险的识别和衡量也必须是一个经常化的、制度化的过程。

4. 风险识别的方法

现在使用的风险识别方法，可以分为宏观领域中的决策分析（可行性分析、投入产出分析等）和微观领域的具体分析（资产负债分析、损失清单分析等）。

（1）生产流程分析法。生产流程分析法，又称流程图法，在生产过程中，从第一环节到产品完成的过程。该种方法强调对每一阶段和环节逐个进行调查分析，找出风险存在的原因。

(2) 风险专家调查列举法。由风险管理人员对该企业、单位可能面临的风险逐一列出,并根据不同的标准进行分类。专家所涉及的面应尽可能广泛些,有一定的代表性。一般的分类标准为:直接或间接,财务或非财务,政治性或经济性等。

(3) 资产财务状况分析法。即按照企业的资产负债表及损益表、财产目录等的财务资料,风险管理人员经过实际的调查研究,对企业财务状况进行分析,发现其潜在的风险。

(4) 分解分析法。分解分析法,指将一复杂的事物分解为多个比较简单的事物,将大系统分解为具体的组成要素,从中分析可能存在的风险及潜在损失的威胁。

(5) 失误树分析法。失误树分析方法是以图解表示的方法来调查损失发生前种种失误事件的情况,或对各种引起事故的原因进行分解分析,具体判断哪些失误最可能导致损失风险发生。

(6) 环境分析法。即通过对企业内外部环境的分析,明确机会与威胁,对比企业的优势和不足,找出这些环境可能引发的风险和损失。其重点是分析环境的不确定性及变动趋势给企业经营带来的风险以及环境中的变动因素的相互作用给企业的经营效果带来的影响。

(三) 农业创业风险的防范

风险防范的目的就是,通过有意识、有组织、有计划的行为,来防范风险产生的损失,削弱损失发生的影响程度,以获得最大利益。在农业创业风险中,自然风险占农业经营风险的25%左右,市场风险约占40%,技术风险约占25%,其余风险约占10%。要想规避农业创业风险,创业者要做好以下几点:

1. 树立危机意识

危机意识是一种前瞻意识。有危机意识,才能保持清醒头脑;

有危机意识,才能防患于未然。近年来,自然灾害的频发、农产品市场价格的异常、农资市场监管失控等自然和社会因素都给农业创业带来风险,对创业者来说,时时刻刻都要有危机意识,有危机意识才能规避风险。

2. 把优惠的农业政策资源用足

在一定程度上农业政策具有公共产品的性质,利用好农业政策平台是农业创业者必走的"捷径"。2003年以来,我国按照"多予、少取、放活"的方针,出台多项农业政策,如专项资金扶持政策、保险政策、补贴政策等,具体包括农作物保险、能繁母猪保险、粮食直补、农资综合直补、水稻良种推广补贴、油菜良种推广补贴、大型农机具购置补贴等政策。

3. 成立农民专业合作组织

在激烈的市场竞争中,农业是一个弱势产业,农民是一个弱势群体,为了降低生产成本,提高盈利水平,就需要通过合作联合起来,借助外部交易规模的扩大,节约交易成本,提高在市场竞争中的地位,使产品按合理价格销售。同时,还可通过扩大经营规模,提高机械设备等的利用率,寻求规模效益。规模的扩大可带动地方经济的倍增效应,市场的运作者可以在更大范围内稳定农产品的价格,争取市场谈判的主动权。农业合作经济组织按照合作的领域可以分为生产合作、流通合作、信用合作和其他合作,提高千家万户的小生产者在千变万化的大市场中的竞争能力和经济效益。

目前运作比较成功的模式——"公司+农户"模式,是一种化解农户市场风险的组织制度创新。实行"公司+农户"的模式之后,农产品的市场化运作使由农产品的自然秉性所引起的价格波动得到一定的制约。单个农户的市场风险通过一体化企业的统一加工、集中销售，得到大幅度减小。在行情不看好的情况下，由公司承担全部的市场风险，农户只要抓好生产就可以得到稳定的收入。所以，目前"公司＋农户"的模式值得农业创业者去体验。

4. 寻求与名优企业的市场协同

协同是指各方面相互配合，协助完成某项事情。企业通过市场协同可以实现低成本、高效益运作，从而降低风险。协同效应就是指企业之间在生产、营销、管理等环节，从不同方面共同利用同一资源而产生的整体效应。俗话说"一根筷子轻轻被折断，十双筷子牢牢抱成团"，就是指企业善于通过市场协同作用达到扩大规模、开拓市场、降低经营成本和经营风险的目的，延长企业的寿命。

（1）品牌租用。许多农产品在交易过程中都遭受到冷遇，出现卖出难问题，其中原因除了季节和贮藏能力外，更主要的是当前农产品最缺乏的是销售的主营渠道，要把优质的农产品打入市场的主营销售渠道，品牌的知名度就成为农产品销售的关键因素。借助优势企业激活弱势企业，通过市场协同与名牌产品合作经营，农业企业利用其他企业在消费者心目中的地位寻找最佳的销售渠道，通过扩大生产规模、大力度开发市场来打造品牌的知名度，完成市场开发和拓展的业务，这是提升产品市场适应能力的关键。

（2）品牌延伸。企业对已实现的某个品牌资源的充分开发和利用，使名牌的生命不断得以延长，品牌的价值得以增值，品牌的市场份额不断扩大。

（3）品牌扩展。企业利用其成功品牌的声誉来推出改良产品或新产品，包括推出新的包装规格、香味和式样等，以凭借现有名牌产品形成系列名牌产品的一种名牌创立策略。随着农产品市场体系的不断完善以及企业应对市场风险能力不断提升，价格波动这种一般意义的市场风险对农业企业的影响力度正在不断减弱。

5. 走可持续的发展道路

企业的可持续发展就是既要考虑当前发展，又要考虑未来发展，不能以牺牲后期的利益为代价，换取现在的发展，满足眼前的利益。农业企业的可持续发展表现为经营活动中若干生产要素的发展，从整体的角度表现为持续盈利（在一段时间内总体盈利），通过外在技术的"内化"过程克服"水土不服"，"渐进式"地实现企业由量变到质变的过程，以更好地抵御技术风险。

6. 走多元化的发展道路

即充分利用生产和加工相关程度较低的农业和农副产品，以分散风险。通过进行投资组合，达到在相同期望收益情形下组合风险最小或相同组合风险情形下期望收益最大的目的。在发展产品的时候，既不能"单打一"，也不能把企业所有盈利空间寄托在一种产品上面。在理财界有一条"定律"：不要把鸡蛋都放在同一个篮子里，因为当我们把所有的鸡蛋都放在一个篮子里，篮子失手掉在地上的时候，所有的鸡蛋都遭殃。所以，在农业企业成长的过程中，发展系列化产品组合很有必要。像我国不同地区的"四位一体""三位一体"的经营模式，"猪－沼－花""猪－沼－菜"生态农业模式，"大棚草莓山羊复合种养模式和技术"，都是多元化的发展模式。

但是，走多元化发展道路，不能"眉毛胡子一把抓"，要学会抓关键，把"厚利产品"作为重点，进行重点发展。培育"明星产品"市场成长性好的产品，使其尽快成长为"厚利产品"，同时要善于淘汰"鸡肋产品"，善于多样化搭配，分散经营风险。

7. 延长产业链

在农业的经营过程中，将整个农业生产过程分为产前、产中和产后三个环节，将不同类型风险在整个链条中进行分解，通过明确不同环节的主要风险类型及其作用机制，寻求不同的管理方式，实现降低农业企业风险的目的。

例如，建立基地养殖户联合体，可以为当地群众提供品种改良、生产技术、科技普及、加工销售等"一条龙"式的服务。其优势是可以把原来的"多（生产者）多（购买者）"交易变成"一（公司）多（农户）"交易，可以实现"自助"服务，而不受外部供应商的控制。基地养殖户通过联合经营、共同服务而形成的利益共同体，可以推动当地养殖业向良种化、规模化、产业化方向发展。

总之，农业创业风险具有客观性、多样性和隐含性，农业企业经营主体应针对不同风险，采取不同措施，有效地化解和规避风险。同时更需要针对风险因素进行系统分析，采取综合预防措施控制风险，将风险转化为机会。在风险发生时，要使用法律手段保护自己的合法权益，这对于增强农业企业经营的运营效率和化解、规避风险至关重要。

（四）规避农业企业的风险

农业企业应结合实际情况确定适当的风险应对策略。风险应对策略可以分为规避风险、减少风险、共担风险和接受风险四类。针对没有超越自身风险容忍度的事项，农业企业可以采取风险接受策略，例如对一定的自然灾害风险的承受；而在迫不得已时，农业企业则采取规避风险策略，这主要是指撤出高风险领域。总体而言，农业企业最主要的风险应对策略是减少风险和风险共担。

减少风险和共担风险策略可以从战术和战略两个层面进行。在战术层面，农业企业可以采用订单农业、期货工具（包括天气期货）、保险（含产量保险和收入保险等）和控制财务杠杆等措施。在战略层面上，农业企业可以采用多元化和产业链风险管理措施。多元化风险管理措施是指充分利用生产和加工相关程度较低的农业和农副产品以分散风险。通过进行投资组合,达到在相同期望收益情形下组合风险最小或相同组合风险情形下期望收益最大的目的。产业链风险管理措施是指通过将整个农业生产过程分为产前、产中和产后三个环节,将不同类型风险在整个链条中进行分解,通过明确不同环节的主要风险类型及其作用机制,寻求不同的风险管理方式,然后进行有效的风险组合管理,实现降低农业企业风险的目的。对农业企业而言,以上战术和战略两个层面的措施应该结合使用。

第六章 抓住农民创业的机遇

第一节 农民能力建设政策

农村劳动力转移培训是指对需要转移到非农产业就业的农村富余劳动力开展培训,以提高农民的素质和技能,加快农村劳动力转移就业。培训包括职业技能培训和引导性培训,以职业技能培训为主。培训以尊重农民意愿和农民直接受益为前提,以市场运作为基础,以转移到非农产业就业为目标。

农村富余劳动力向城镇和非农产业转移,是建设现代农业、解决"三农"问题的重要途径,也是社会进步的重要标志。加强农村劳动力素质培训,提高农民的就业技能和整体素质,是实现农村劳动力转移的根本保证,也是解决"三农"问题的核心之一,更是增加农民收入的主要途径之一。随着城镇化进程的加快,经济产业结构升级对人力资源需求的提升,农村转移就业人口的职业教育与培训问题日渐突出。

(一)主动对接,争取农民教育培训任务

农广校作为农民教育培训专门机构,积极承担教育培训任务,充分发挥主渠道和主力军作用,是全国农广校体系的重要职责和神圣使命。各级农广校(中心)一要提高认识,采取切实有效措施组织学习农办科〔2019〕26号文件的部署要求,深刻领会农民教育培训转型升级的背景意义,准确把握促进产业兴旺目标任务,抓住农民教育培训提质增效的关键点和切入点。二要迅速行动，主动对接地方政府和农业农村部门，做好请示汇报和沟通协调，主动争取项目资金支持，积极承担农民教育培训任务，力争承担任务比例不低于去年水平，进一步巩固农广校的主体地位。三要压实任务，制定工作方案，做好单位内部力量协调调配，注重整合多方资源，明确任务分工，落实责任绩效，确保各项工作抓紧抓实，抓出成效；针对农业经理人、家庭农场主、专业大户、农业龙头企业带头人和示范性合作社带头人、返乡下乡创业者、实用型农民、技能型农民等不同类型培训对象，围绕振兴乡村产业需要和农民有效需求，制定对应的培训方案，切实把教育培训任务压紧压实。

（二）抓实落细，保证农民教育培训质量效果

今年起，农业农村部启动农民教育培训提质增效三年行动，各级农广校（中心）要切实做好培训机构的表率，树立"以培育对象为中心"理念，遵循农民需求，遵循客观规律，精心组织实施培训，抓实落细关键环节。一是做好培训对象遴选及需求调研。各级农广校要按照通知中明确的重点培训对象遴选学员，结合当地产业发展实际，优先遴选培训意愿强烈的农民，力争培训对象的精准化。以县为单元，开展摸底调研，摸清不同对象对内容、模式、手段的需求，提高培训针对性。二是突出培训内容的差别化。认真落实通知中分层分类分模块培训的要求，围绕不同培训群体实施差异化、个性化培训，经营主体带头人重点关注品牌创建、市场营销、企业管理、融资担保等内容；创新创业人员重点关注基本素养、团队合作、科学发展等内容；专业大户等生产型农民重点关注新技术、新品种、新成果、新装备的推广应用等内容；农业经理人重点关注经营管理和人力资源管理等内容。三是创新培训方式。推行围绕产业周期的分段式、交替式培育，提升实习实训比例；科学设置通用课程、专

业课程、现场学习、生产实践等教学环节；注重实用互动教学方式，增强培训吸引力；探索推进线上线下融合培训，逐步提高在线学习在培训课程中的比重，逐步实现"线上培训、线下集中、实训参观"相融合。四是畅通农民提升渠道。抓住国家职业教育改革和高职扩招重大机遇，推进职业培训与职业教育在课程内容、教学过程、学习成果和路径方式等方面的衔接，推动农民职业培训与中职、高职甚至本科以上教育层次的有机衔接，全面提升农民的学历层次和职业能力。

（三）强化支撑，扎实做好农民教育培训基础服务

各级农广校（中心）要着力强化专门机构主体职能，主动配合农业行政部门做好农民教育培训的基础支撑和组织管理。有条件的农广校要争取成为农民教育培训组织管理承办机构，协助做好实施方案制定和对象遴选、工作督导、绩效考核等，统筹管理各类市场资源，做好培训指导。各级农广校要做到四个抓好，一是抓好基础支撑。主动做好农民教育培训信息管理系统运行管理，承担各类数据库建设和运行维护。完善农民教育培训需求对接机制，立足各地产业和培养对象，通过对象库建设有机衔接产业、对象和培训。加强师资队伍建设，开门遴选推介一批高水平名师，分层分类开展师资培训，提高理论教学和实践指导能力。加快精品教材建设，按照统分结合、择优选用的原则，建设高质量通用教材和区域教材。二是抓好延伸服务。组织教师、专家、技术人员进村入户，对农民开展一个生产周期的跟踪指导和服务。加强对农民协会、联合会、创业联盟等组织的指导和服务，帮助健全管理制度、完善运行机制，促进健康发展。支持农民参加各种展览展示、发展论坛、项目路演和技术技能比赛，创造机会条件，组织农民参加跨省区交流，拓展理念视野。三是抓好典型宣传。结合农业农村部百杰农民遴选资助

活动以及中央农广校的"十大推介"活动,大力开展典型宣传,树立专门机构样板,打造农广校培训品牌。各地要充分利用广播、电视、报刊等传统媒体以及网络、微信、微博等新媒体,加大宣传力度,有步骤、多形式、全方位呈现工作成效。四是抓好追踪问效。及时掌握跟进农民教育培训工作进展及存在的问题,做好督导检查,强化效果追踪,发现经验做法及时梳理总结,找到问题及时纠偏纠正。

第二节 农业创业政策

近年来,国家采取一系列政策措施,鼓励有知识、有资本、有能力的人员返乡下乡创业创新。特别是党的十九大提出实施乡村振兴战略以来,农业农村迎来了前所未有的发展机遇。现在,农村对很多人来说,同样是广阔天地,大有可为。在国家政策的引导下,各省也纷纷出台了一系列政策支持创业者。

一、新疆

(1)符合条件的个人,可在创业地申请最高额度不超过10万元的创业担保贷款。对合伙经营或组织起来创业的,可按照人均不超过10万元、总额不超过100万元的标准申请创业担保贷款。对符合创业担保贷款条件的劳动密集型小企业,最高贷款额度200万元,贷款期限最长为两年。

(2)对符合条件的个人创业担保贷款,财政部门给予全额贴息。

二、河北

(1)对返乡下乡人员创办的示范家庭农场、领办的示范合作社,加大扶持力度。

（2）支持返乡下乡人员利用大数据、物联网、云计算、移动互联网等新一代信息技术开展创业创新。

（3）实施农民工等人员返乡创业培训五年行动计划和新型职业农民培育工程、农村青年创业致富"领头雁"计划、贫困村创业致富带头人培训工程等。

（4）对符合创业担保贷款条件的可给予个人最高10万元、合伙创业最高40万元的创业担保贷款额度，财政部门按照规定的贴息标准予以贴息。

三、甘肃

（1）免收登记类、证照类等行政事业性收费。

（2）个人可申请创业担保贷款，最高额度为10万元。

（3）对返乡下乡人员创建的新型农业经营主体、创业创新园区（基地）等给予支持。

（4）实施创业培训五年行动计划和新型职业农民培育工程、农村青年创业致富"领头雁"计划、贫困村创业致富带头人培训工程等。

四、四川

（1）有条件的地方，可对返乡下乡创业者从事适度规模经营流转土地60亩以上的给予奖补。返乡下乡创业者流转土地开展粮食种植达到30亩以上的，按规定享受种粮大户补贴政策。

（2）鼓励建立返乡下乡创业农村电子商务服务平台，并由各地根据实际情况对场地租金和网络使用费等给予一定比例的补贴，补贴期限一般不超过3年。

（3）符合贷款条件的，按不超过10万元发放创业担保贷款；合伙创业或组织起来共同创业符合条件的，贷款额度可适当提高。创办小微企业符合条件的,可给予最高额度不超过 200 万元的创业担保贷款。

五、河南

(1) 参加创业培训补贴标准为 1500 元;对开发项目成功创业且正常经营 1 年以上的,给予 2000 元的补贴;取得工商、税务登记且有固定经营场所,稳定经营 6 个月以上,带动当地 3 人以上就业且签订 1 年以上期限劳动合同的,一次性给予创业者 5000 元的创业补贴。

(2) 对符合条件给予最高不超过 10 万元的创业担保贷款。对合伙经营或组织起来共同创业的,按每人最高不超过 10 万元、总额不超过 50 万元给予创业担保贷款。

(3) 对认定为省级电子商务示范县的,给予每县 1500 万元的补助。对认定为省级农民工返乡创业示范县的,给予一次性奖补 200 万元。对评定为省级创业培训示范基地的,给予一次性奖补 300 万元。对省评定的省级农民工返乡创业示范园区,省财政给予一次性奖补 50 万元。对评定的返乡农民工创业省级优秀示范项目,给予一次性奖补 2—15 万元。被评定为"创业之星"的,给予一次性奖励 1 万元。

(4) 小微企业,符合有关政策规定的,减免相关税费。

六、山东

(1) 个人可申请最高 10 万元的创业担保贷款;小微企业可申请最高不超过 300 万元的创业担保贷款。

(2) 对首次领取小微企业营业执照、正常经营并在创办企业缴纳职工社会保险费满 12 个月的,按规定给予不低于 1.2 万元的一次性创业补贴。

(3) 创业人员招用就业困难人员、毕业年度高校毕业生将按照规定给予社会保险补贴。

七、湖北

(1) 对返乡创业企业在创业示范园区内发生的场租、水电费，给予不超过当年实际费用 50%、最高不超过 5 万元的补贴；对流转土地的可给予一定补贴。

(2) 对被评定为省级返乡创业示范县（市、区）的，给予 100 万元奖补；对被评定为省级返乡创业示范园区的，给予 60 万元奖补；对评选为省级优秀示范项目的，给予最高 20 万元奖补。

(3) 对首次创业办理注册登记、正常经营 6 个月及以上、带动就业 3 人及以上的，给予 5000 元的一次性扶持创业补贴。

(4) 对符合条件的个人发放的创业担保贷款最高额度为 10 万元；对符合条件的借款人合伙创业或组织起来共同创业的，可按不超过 50 万元的额度实行捆绑式贷款；对返乡人员创办的小微企业，可按规定申请不超过 200 万元的创业担保贷款，财政部门按规定给予贴息。

八、安徽

(1) 个人可申请不超过 10 万元的担保贷款，按规定给予贴息；创办劳动密集型小企业或新型农业经营主体，可按规定给予最高额度不超过 200 万元的创业担保贷款，并按照同期贷款基准利率的 50% 给予财政贴息。

(2) 设立扶持返乡创业专项资金，主要用于落实房租水电补贴、购买创业项目、组织创业大讲堂、开展优秀创业人员外出培训、创业典型奖励宣传等。

(3) 鼓励金融机构开发符合返乡创业需求特点的产品和服务，

探索将集体建设用地使用权、土地经营权、农村房屋所有权、林权等农村产权纳入融资担保抵押范围。

九、江苏

（1）鼓励各地将个人贷款最高额度提高到不低于 30 万元，贷款期限延长到 3 年。

（2）对创业失败者，在工商部门首次注册登记起 3 年内的创业者，企业注销后登记失业并以个人身份缴纳社会保险费 6 个月以上的，可按照纳税总额的 50％、最高不超过 1 万元的标准从就业资金中给予一次性补贴，用于个人缴纳的社会保险费。

十、江西

（1）加大对返乡下乡人员创办的企业、农民合作社、家庭农场、种养大户的信贷扶持力度。稳步推进农村土地承包经营权、农民住房财产权抵押贷款试点。

（2）对符合创业条件的返乡下乡人员，可获创业担保贷款最高额度为 10 万元；对符合条件的小微企业，贷款最高限额为 400 万元。

（3）支持返乡下乡人员依托自有和闲置农房院落发展农家乐。鼓励利用闲置校舍、村庄空闲地等，用于返乡下乡人员创业创新。

十一、贵州

（1）到贫困地区创业，带领建档立卡贫困人口脱贫致富的，不仅可申报扶贫项目资金扶持，还可享受相关税收减免政策。

（2）对农业类生产设施用地，可给予优先审批；对农产品初加工项目用地，可按不低于所在地土地等别相对应全国工业用地出让最低价标准的 70％购买。

（3）设创业"绿色通道"，提供精准高效的政策咨询、证照办理等服务。

十二、广东

（1）个人最高20万元创业担保贷款；合伙经营或创办小企业的可按每人不超过20万元、贷款总额不超过200万元的额度实行"捆绑性"贷款；符合贷款条件的劳动密集型和科技型小微企业，贷款额度不超过300万元。

（2）启动运营省级创业引导基金，加快完善返乡创业信用评价机制，扩大抵押物范围，降低返乡创业贷款门槛。

十三、内蒙古

（1）设立"绿色通道"，提供便利服务。

（2）对进入创业创新园区的，提供有针对性的创业辅导、政策咨询、集中办理证照等服务。

（3）对于返乡下乡人员开办企业，免工商注册类收费。

（4）实施返乡创业培训五年行动计划和新型职业农牧民培育工程、农村牧区青年创业致富"领头雁"计划、贫困村创业致富带头人培训工程等。

十四、辽宁

（1）设立"绿色通道"，提供便利服务。

（2）整合涉农财政专项资金，对符合条件的给予支持。

（3）对创业创新用地，可优先纳入供应计划，保障供应。在产地对产品直接进行初加工的工业项目，确定土地出让底价时可按不低于所在地土地级别相对应标准的70%执行。

（4）发展农业、林木培育和种植、畜牧业、渔业生产、农业排灌用电以及农业服务业中的农产品初加工用电,均执行农业生产电价。

(5) 可在创业地按相关规定参加各项社会保险,可按规定给予一定社会保险补贴。

十五、吉林

(1) 对创业基地面积达到 2000 平方米以上,入驻企业(农户)达到 30 户以上,带动就业人数 100 人以上,经考核认定命名为省农民工返乡创业基地的,给予补助。

(2) 对返乡下乡创业人员首次创办小微企业或从事个体经营,领取工商营业执照且有正常经营行为 1 年以上,带动 2 人就业并缴纳社会保险费的,给予一次性 5000 元初创企业补贴。

(3) 继续实施农民工等人员返乡下乡创业培训五年行动计划和返乡下乡创业带头人培育计划。

十六、云南

(1) 对返乡下乡人员创业创新免收登记类、证照类等行政事业性收费,全面落实国家和省取消的职业资格许可和认定事项。

(2) 采取财政贴息、融资担保、扩大抵押物范围等综合措施,努力解决返乡下乡人员创业创新融资难问题。

(3) 扩展财政扶持产业发展有关专项资金扶持范围,继续实施"两个 10 万元"微型企业培育工程,支持符合条件的返乡下乡人员创业创新项目,补助资金向贫困县倾斜。

十七、湖南

(1) 将农民工返乡创业园和农民工创办的企业纳入省级创新创业带动就业示范基地和实行"双百资助工程"评选范围,按规定给予每个省级创新创业带动就业示范基地不超过 100 万元的一次性以奖代补资金。

(2) 向符合政策规定条件的返乡农民工发放创业担保贷款,贷款最高额度不超过 10 万元,期限一般不超过 2 年;创业担保贷款在基础利率基础上上浮 3 个百分点以内的,由财政部门按规定贴息;贷款期满可申请展期,展期期限不得超过 1 年,展期不贴息。

(3) 对返乡农民工创办的劳动密集型小企业,可按规定给予最高额度不超过 200 万元的创业担保贷款,并给予贷款基准利率 50% 的财政贴息。

十八、广西

(1) 到 2020 年,全面实现 3 个工作日内完成企业开办审批手续的目标。

(2) 对贫困地区符合条件的个人创业担保贷款,给予 3 年全额贴息;对其他地区符合条件的个人创业担保贷款,按 2 年给予全额贴息。

(3) 小微企业当年新招用符合创业担保贷款申请条件的人员达到企业现有在职职工人数 25%(超过 100 人的企业达 15%),并与其签订 1 年以上劳动合同的,可以申请最高额度为 200 万元的小微企业创业担保贷款,贷款期限最长不超过 2 年,并按照贷款合同签订日贷款基础利率的 50% 给予贴息。

(4) 农林牧渔业产品初加工项目在确定土地出让底价时可按不低于所在地土地等别相对应全国工业用地出让最低价标准的 70% 执行。

十九、山西

(1) 开展有针对性和差异化需求的创业培训,对于符合条件的人员参加创业培训的,将按规定给予财政创业培训补贴。

(2) 免费提供有针对性的创业就业政策法规咨询、职业指导、职业介绍等基本公共服务。

(3) 对农民工等人员返乡创业的,将纳入政府创业担保贷款范围,按规定给予财政贴息支持。

二十、北京

对于北京来说,重点是鼓励在京的外来务工人员返乡创业。另外,北京对产业扶持的目标很明确:金融、科技,其他不在扶持范围内。

二十一、天津

(1) 对其招用女35周岁、男45周岁以上失业人员的,按规定给予社保补贴、岗位补贴和培训补贴。

(2) 加快发展农民专业合作社,允许在农村土地承包期限内且不改变土地用途的前提下,以土地承包经营权入股设立农民专业合作社。

(3) 对符合条件的担保贷款给予贴息扶持。

二十二、上海

(1) 提供有针对性的创业辅导、政策咨询、集中办理证照等服务。对返乡下乡人员创业创新免收登记类、证照类等行政事业性收费。

(2) 采取财政贴息、融资担保、扩大抵押物范围等综合措施,努力解决返乡下乡人员创业创新融资难问题。

（3）在符合土地利用总体规划的前提下，通过调整存量土地资源，缓解返乡下乡人员创业创新用地难问题。

（4）整合创建一批具有区域特色的返乡下乡人员创业创新园区（基地），建立开放式服务窗口，形成合力。

二十三、重庆

（1）小微企业可申请15万元以内2年期的创业扶持贷款，贷款利率执行同期基准利率的，市财政给予承贷银行1个百分点的奖励；最高可申请200万元的创业担保贷款，并可享受创业担保贷款财政贴息。

（2）对创业孵化基地内的孵化企业成功运营1年以上且每户直接带动一定人数就业的，给予一定补贴。

（3）对月销售额不超过3万元的增值税小规模纳税人免征收增值税；对符合条件的小微企业，减按20%的税率征收企业所得税；对年应纳税所得额低于30万元（含30万元）的符合条件的小微企业，其所得减按50%计入应纳税所得额，按20%的税率征收企业所得税。

（4）对符合条件的新办微型企业和鼓励类小微企业，按其缴纳企业所得税和增值税地方留成部分给予2年补贴。

二十四、黑龙江

（1）对返乡下乡创业人员免收登记类、证照类等行政事业性收费。

（2）对符合条件的返乡下乡创业人员，个人创业担保贷款最高额度为10万元。小微企业创业担保贷款，贷款额度由经办银行根据小微企业实际招用符合条件的人数合理确定，最高不超过200万元。

二十五、青海

(1) 对自主创业的给予 2000 元补贴,对两人及以上合伙创业的给予 3000 元补贴。对返乡人员创办经营实体或网络商户,经营 1 年以上实现成功创业的,给予一次性奖励和不超过 3 年的社保补贴,其中,大中专毕业生创业奖励 1 万元。失地农民、生态移民、退役军人及其他登记失业的城镇就业困难人员创业奖励 5000 元,农民工等城乡其他人员创业奖励 2000 元。

(2) 对返乡创办企业或从事个体经营吸纳就业困难群体就业的,给予一次性岗位开发补贴,每新开发一个就业岗位给予 1000 元补贴,每个经营主体补贴额度最高不超过 2 万元。

(3) 对大中专毕业生创办领办农牧民合作社并在公共就业人才服务机构办理就业创业登记的,每人每月可享受 1000 元生活补贴,按照基本养老、基本医疗和失业保险个人实际缴费的 70% 予以社保补贴,补贴期限 3 年。

二十六、西藏

(1) 凡是国家法律法规没有明令禁止和限制的行业及领域,一律允许农牧民工等返乡人员进入,不得自行设置限制条件。

(2) 农牧民工等人员返乡创业,符合政策规定条件的,可享受相关税费优惠政策。

(3) 对农牧民工等返乡人员创办的新型农牧业经营主体,符合农牧业补贴政策支持条件的,可按规定同等享受相应的政策支持。

二十七、宁夏

(1) 对达到国家和自治区创业孵化园建设标准的返乡农民工创业园一次性给予 100 万元补贴资金。

（2）对符合条件的返乡创业人员个人给予最高额度10万元创业担保贷款，最长期限2年，财政部门按规定予以贴息。对返乡创业农民工等人员创办的新型农业经营主体，属于劳动密集型小企业的，可按规定给予最高额度不超过200万元的创业担保贷款，并给予贷款基准利率50%的财政贴息。

二十八、陕西

（1）符合条件的可申请创业担保贷款，最高额度为10万元。对企业吸纳就业困难农民工再就业，以及就业困难农民工实现灵活就业的，按规定给予社会保险补贴。

（2）进驻由政府主导建立的各类开发园区标准化厂房创业的，3年内免缴租金、物业管理费、卫生费等费用，适当减免水电费用；进驻民营主体领办或共建的园区或创业孵化基地创业的，由同级财政给予相应补贴。进驻园区的企业，可有园区或基地担保申请创业担保贷款。

（3）符合政策规定条件的，可享受税收减免和政府性基金、行政事业性收费等普遍性降费政策。

（4）省级对评为"创业明星"的，给予每人5000元的一次性奖励。

二十九、福建

（1）重点扶持返乡人员创建农机服务、土地托管等合作社。

（2）省级财政安排3000万元扶持150个省级农民合作社示范社；各级财政每年重点培育500家家庭农场示范场；省级财政对获国家级、省级休闲农业示范点的创业企业分别给予一次性补助60万元、40万元。

（3）对通过自营或第三方平台销售福建农产品，网上年销售额超过5000万元的B2C企业和网上年销售额超过1亿元的B2B企业,省级给予单个企业最高不超过100万元奖励。

(4) 从事种植业、食用菌、禽畜和水产养殖的用电执行农业生产电价,从事鲜活农产品运输的可享受绿色通道政策。

(5) 对创投机构投资的初创期、成长期科技企业,各地可给予3年全额房租补贴。

第七章 农民创业致富实例

让青春在"乡村振兴"中闪光

一、青春飞扬领舞现代农业高科技

2011年,程子昂从加拿大留学回国,曾先后在青岛、太原多家公司管理岗位任职,并和一群海归伙伴创办了众合青锐科技有限公司,一直过着"衣食无忧、丰富多彩"的城市白领生活。他的父亲原是国企职工,下岗后来到北田镇杜堡村搞起了核桃种植,经过多年苦心经营,核桃园种植面积不断扩大,还创办起了林果丰种养专业合作社。几年后,随着产业规模的扩张,合作社急需管理人员,在父亲的反复要求下,程子昂决定放弃舒适的城市生活,回乡投身农村、发展农业,做回农民。

"农民不愁种核桃,就怕卖不出好价钱。"返乡的程子昂发现,营销对于传统农民来说是个"短板",但却是年轻人的长处。可是,在这条路上,他没少吃苦头。"由于缺乏对农业知识的了解,在推广和销售过程中常吃'闭门羹'。"程子昂说。面对挫折,程子昂没有灰心,而是一头扎进了核桃园,做起了农业"小白"。他每天泡在村里,向父亲和有经验的村民请教,从苗木繁育、果树管理到品种选育、生物科技等一项一项地学,特别是政府和机构举办的农业培训,他更是一场不落。经过几年的学习实践,他终于变成了一个具备一定农业技术、同时善于农业管理的新型青年职业农民。

2014年12月,在晋中林果丰种养专业合作社的牵头下,程子昂创办了晋中林沃丰联合社,主打核桃为主的干果产业,整体经营规模、资源体系有了极大提升。更令人欣喜的是,2017年,合作社自主选育的"林核1号"亩产300公斤以上,达到国内先进水平,通过了山西省林木品种审定委员会审定,成为该省发展有机旱作农业的优质品种。

岁月磨砺,青春激昂。如今,程子昂已成为林果丰种养合作社名副其实的"核桃社长",合作社也成为拥有9个县(区)、145家社员单位、共同经营10.6万亩土地的社会化服务组织,涉及农户达6000余户,形成"百里产业带万里核桃林"的壮观景象。2016年,合作社分别获得由国家林业局授予的"全国林业专业合作社示范社"、由中国农业部等九部委授予的"国家农民合作社示范社"。

林果丰合作社还是省级新型职业农民培训基地,通过构建"需求编程+课堂教学+现场实践+技能帮扶"四位一体的培训模式,先后为全区精准培训新型职业农民2600余人次,通过做给农民看、带着农民干、帮着农民赚,成为了新型职业农民培育的示范样板。

二、青春建功发力职业农民新高地

人才聚集,乡村振兴才有底气。"核桃社长"程子昂一头扎进农村的几年里,结识了不少和他一样回乡创业的青年伙伴,他们中有设计师、有酒店经理、有学校老师。

在距离程子昂的合作社不远处的杨梁村,一座火龙果种植园吸引了大批游客前来采摘。谁也没有想到,一个学建筑工程的80后,能在黄土高坡上种出香甜可口的热带水果;而在"热带果园"几公里之外,从西安科技大学毕业的周磊和妻子李丽丽,利用所学专业优势,建起温室大棚,搞起了"鱼菜共生"循环生态农业;从英语老师转型为农业技术培训师,刚满30岁的马渊杰和小伙伴成立了设施农业技术团队,活跃在田间地头,帮助更多农户种出高品质的果蔬;辞去酒店经理,郝卫芳和丈夫张小军一起回到农村,科学种植与创意营销双管齐下,把家乡的富硒黑小米推向大江南北……

令程子昂没有想到的是,他们这些扎根榆次、奉献榆次、振兴榆次的大学生农民,受到了区委、区政府高度重视,累计投入1000多万元出台了农业"三新"扶持政策。2017年,在区委、政府的主导下,该区成立了"大学生农业高科技双创产业园",搭建起了全省首个县级大学生农业双创园区,成为青年农民交流、学习、合作的平台,助推榆次乡村振兴战略的全面实施。目前,已有鱼菜共生、火龙果、"清清苹果"新电商等12个农科项目先后落户园区,取得了较好的经济效益和社会效益。

"有人说我们像农民,有人说我们不像农民,但是我认为新时代的农民就应该是我们这个样子,懂技术、会经营、懂城市、爱农村。"大学生农业双创园区的强劲发展势头,令程子昂欣喜不已。

三、青春奋斗谱写乡村振兴新篇章

2018年4月,程子昂被中国农业部选拔为首批中国青年职业农民代表赴欧盟考察学习。这次赴欧之旅让他深刻感受到国内外农业发展的差距。"同样是年轻人,欧盟一个年轻人可管理3.5公顷土地""农作物生长每天都有精确数据衡量""空地草坪覆盖,房子石头垒砌,环境友好型体现在每一个细节""作为职业农民,欧盟青年有着强大的自信和被尊重感"……每一个特点,程子昂都看在眼里,记在心上。与此同时,他也发现,欧盟每个国家都有青年农民联合会,在这里,青年农民有着热情的互动和交流,更有着信息共享、利益共进。

他山之石,可以攻玉。回国后第二天,程子昂便迅速启动了成立青年农民联合会的筹备工作。在共青团晋中市委的指导下，于2018年8月18日，程子昂在全国率先发起成立了第一个"青年农民联合会"组织，即晋中市青年农民联合会（简称青农联），青农联也是首个与欧盟青年农民联合会建立对话窗口的组织。由晋中市9个县（区）69名青年农民会员组成，并成立榆次、和顺、介休、祁县分会组织，全市会员总数达121人，主要涉及农林牧副渔及休闲观光、农业电商等方面。

2018年9月，联合会共同出台了《关于推进"晋中市青年农民产业联盟"方案》，已有9个企业加入产业联盟，即干果水果基地、南果北种基地、鱼菜共生基地、小杂粮基地、红枣基地、畜牧基地、生态庄园、番茄基地、苹果基地，实现了品牌统筹、推广统筹、科研统筹和双创统筹发展新格局。

2018年12月、2019年1月，欧盟青年农民代表团先后两次来到榆次，访问青农联基地，并与当地青年农民建立了深厚的友谊。2019年2月，芬兰青年农民联合会与他们达成"兄弟联盟意向"。今年以来，通过榆次乡村振兴示范廊带建设，青农联又新发展了榆次、太谷、寿阳的基层青年农民先锋队伍组织。

创业是最美好的"时光印记"

每个人都有自己的梦想，对于遵道镇高安村8组的周磊来说，他的梦想就是能够在家乡创业成功。经过不断努力，今年3月18日，该市第18届梨花节开幕的当天，周磊的休闲农庄正式开张，让自己的梦想照进了现实。

众人支持

回乡开起休闲农庄

见到周磊时，他正忙着为客人冲泡咖啡，尽管这个23岁的小伙还稚气未脱，让人很难把他与"老板"这两个字联系起来，但这个占地 4 亩左右，精美漂亮的乡村休闲农庄，却是他和女友一手一脚亲自建起来的。说起自己的首次创业，周磊的脸上洋溢着满满的幸福。

2008 年，周磊到绵阳就读中专，学习建筑专业，在那里，他认识了自己的女朋友刘佳灵。一次偶然的机会，他看到几个年轻人将一个废弃的电子厂成功改造成了咖啡馆，这让一直梦想创业的周磊心动不已。而此时，女友刘佳灵给了他最大的支持，不仅说服父母拿出近 70 万元的创业资金，更是跟随他一起回到绵竹老家遵道镇创业。"他是一个有梦想有激情的人，我愿意和他一起打拼，共同经营我们的事业和幸福。"刘佳灵告诉记者，他们回到遵道后，经过实地走访查看，决定利用高安村家里现有的房屋，将其打造成一个集咖啡、中餐、烧烤、休闲等于一体的乡村休闲农庄。

但是，仅依靠 70 万元的创业资金搞建设，显然有些捉襟见肘。正当周磊和女友一筹莫展的时候，家里的亲戚们纷纷出资出力，为他的创业梦想助了一把力。"这一排是三套房子，有一套是我自己的，一套是我大姨的，一套是我二姨的。"周磊告诉记者，家里的亲戚得知他创业的想法后非常支持他，于是便把房子腾了出来，帮助他们实现在家门口创业的梦想。

情侣齐心

打造美好的"时光印记"

在解决了建设用地后，2015 年 9 月，这个以自己出生年份和创业感悟为主要内容的"93♯时光印记"小店开始建设。而周磊和女友更是全身心地投入到了农庄的装修当中。小到一砖一瓦，一个小物件的摆放，菜单的制作，大到农庄的整体规划，桌椅、摆件的布置，两个年轻人累并快乐地忙碌着。经过几个月时间的紧张建设，今年梨花节开幕的当天，"93♯时光印记"终于开门迎客了。

由于农庄地处沿山,环境优美,装修风格独特和经营思路的不同,迎来了众多游客光顾。许多游客进到店里都会忍不住夸一句"好漂亮",给了周磊和女友莫大的安慰和鼓励。"游客在赏花游玩的同时,走进我的'时光印记',喝喝茶、品品咖啡,饿了还可以自助烧烤,吃农家美味,感受不一样的田园生活。"一说起自己的农庄,周磊满是自豪。他告诉记者,借着我市梨花节开幕的东风,他的休闲农庄自3月18日开业后,吸引了不少游客慕名前来感受不一样的春日风光。

第一次创业,就得到女友的全力支持和亲朋好友的倾力帮助,这些就像是一道道灿烂美好的时光印记,永远镌刻在周磊的脑海里。"我希望把这个农庄经营好,将来做强做大,带动周边的村民一起增收致富。"说起对未来的规划和想法,周磊信心满怀。

大学生返乡创业"新玩法"助力乡村振兴

南果北种、鱼菜共生、富硒小米……这些听起来很时髦的农业词汇,如今正在地处黄土高原的山西"落地生根"。

绿油油的火龙果,高大的香蕉树,沉甸甸的木瓜……坐落在山西省晋中市杨梁村的一个"热带果园",吸引了大批游人前来参观、采摘。

园子的主人叫李富春,毕业于中国矿业大学。谁也没有想到,这个建筑工程专业的"80后",竟能在北方的黄土高坡上种出香甜可口的热带水果。

2005年大学毕业后,在广东从事建筑装饰设计的李富春发现,南方许多热带水果品质非常好,但一经长途运输,到了北方口感就大打折扣。发现了其中的商机,李富春便利用闲暇时间到处参观热带果园。

2014年,经过详细规划后,李富春回老家晋中市榆次区开始研究火龙果种植。经过两年悉心培育,李富春的火龙果初次上市,就为他带来40万元的收入。到2018年,他的果园超过30亩,有1万多名游客前来采摘,"每一茬新果子都被一抢而空"。

这样的"南果北种"基地,对大多数北方人来说,的确是个新鲜事。不少农户慕名前来,在李富春的指导下,山西各地已经建立了26家火龙果基地。

李富春种出了热带水果,而在几公里之外,从西安科技大学毕业的周磊和妻子李丽丽,利用所学专业优势,建起温室大棚,做起了"鱼菜共生"循环生态农业。

"养鱼不换水、种菜不施肥"是这一模式的核心"卖点",用养鱼的水种菜,鱼进食排泄后,由微生物分解并提供养分,蔬菜吸收养分并净化水体。"实验完全从零开始,比如鱼和菜的配比,就经历了多次试验,失败了再重来,直到成功。"周磊说。

2017年,周磊的"鱼菜共生"模式实验养殖鲈鱼4000斤、蔬菜3万斤。2018年养殖的4000条新品种银鳕鱼也已预订一空。现在,周边不少农户来到周磊的基地参观学习,他也开始走出去,为更多的"鱼菜共生"基地服务。

近年来,在山西晋中,越来越多像李富春、周磊这样的大学生回到家乡,利用所学知识,走上了"新农民"之路。

2018年8月,他们在当地创办了"晋中市青年农民联合会",在农业和农村的广阔舞台,施展着各自的聪明与才智。

借助联合会这个平台,这些年轻人经常聚在一起,交流思想,共商"农事"。会员郝卫芳的富硒小米模式就是在伙伴们的思想碰撞下,一步步成长起来的。

从2016年开始,郝卫芳和丈夫张小军返乡进行了两年的富硒小米试验,产品技术已经成熟,并与农户签订了种植合作协议,但始终受制于没有好销路。

结识了青年农民联合会的这群小伙伴之后,大家开始给郝卫芳出谋划策。参加展会、搞合作、互联网营销,各式各样"点子"让富硒小米逐渐闯出了市场。

"为了让更多人了解富硒小米,我和老公常常背上小米,带上煮锅,走南闯北去推销。"郝卫芳说,一年多的时间,他们跑了全国十多个省份。

在广西举办的中国—东盟博览会上,郝卫芳的富硒小米很受欢迎,不仅销售一空,还签下好几份订单。"有许多外国友人排队品尝我们现场熬制的小米粥,原本带了一周的展品,一个下午就卖光了。"郝卫芳开心地说,产品销路打开了,价格有了保障,越来越多的农户种上了富硒小米。

如今,当地越来越多的返乡创业大学生加入了青年农民联合会,会员已经超过了60人。

小军、卫芳:情系富硒黑小米的伉俪

"记得小时候,金秋乡间走,那是一片金黄的丰收。小米粥把我养大,背着理想往外走……"熟悉的歌谣唱出了离乡人对小米粥的情愫,或许多数人口中尝到的小米粥色泽发黄,但张小军、郝卫芳夫妻带领的山西省晋中市丰谷源种植专业合作社的农户种出的却是色泽发黑的富硒小米。

爽朗的笑声、亲切的话语、热血激昂的壮志雄心是张小军、郝卫芳夫妻俩给记者留下的初识印象。从那些年一起相伴的成长到经历坎坷终于创业成功的陪伴,夫妻俩不仅一起携手开创了属于自己的爱情,还情洒西见子村,运用富硒技术科学统一管理田地,成为西见子村民的致富领路人。他们想方设法为产品寻销路谋发展,他们用良心和放心交出了一张又一张满意的答卷,他们是这个时代真正的"新农弄潮儿"。

几番磨砺勇创业

打包发货

谈起创业,郝卫芳顿了顿说道:"其实,小军父亲是有些不赞成的,他觉得我们好不容易从农村考入大学有机会在城市发展,可如今又重新回到了农村创业,创业是有很大风险的,不过现在还好,他也会帮衬帮衬我们。"原来,起初夫妻俩在毕业后都各自找了份相对稳定的工作,小日子过得还算富足。但天有不测风云,郝卫芳因过度劳累,晕倒在工作岗位,之后被查出患有海马区胶质瘤,需做开颅手术,手术成功后的郝卫芳只能在家养病休息,而张小军从事的装修行业当时也并不景气,效益并不是很好。"那时,可以说是我们俩最艰难的日子,不过现在也算是挺过来了。"郝卫芳向记者讲述着那段过往,并没有过多悲伤。

人一辈子都在高潮、低潮中浮沉,唯有庸碌的人,生活才如死水一般,只要高潮不过分紧张,低潮不过分颓废,就好了。当时正处于低潮阶段的夫妻俩并没有被磨难击垮,而是重新思考起了新事业。

出生于山西省晋中市榆次长凝镇西见子村的张小军,常常会看到村中的村民将自己种的作物拿去市场上卖,或者是低价出售给中间商,收入少得可怜,一年下来没有啥奔头。这种情况让土生土长的张小军心里很不是滋味,他想做点什么来改变这一局面。

2015年,恰逢"功能农业""精准扶贫"等一系列政策倾斜,在晋中市开发扶贫协会的支持下,张小军和郝卫芳夫妻俩开始了艰苦的创业之路,他们琢磨起富硒黑小米。

硒是人生命中必需的微量元素,享有"长寿元素""抗癌之王"等美誉,但中国72%的地区缺硒,容易导致糖尿病、高血压、癌症等病症的高发，补硒对于人类健康迫在眉睫，通过食用功能食品的方式来获取所需要的营养元素已经成为近年来人们普遍接受的一个方式，而张小军、郝卫芳夫妻俩自然也看到了这个"商机"，他们便带着自己的"如意宝贝"辗转多地扩展市场。

"刚开始我们仅限于通过微商渠道售卖，销路渠道很单一，但没有想到的是反响却很不错，这让我们对此更有信心，我们想用多种办法来拓宽我们的销售市场。"郝卫芳向记者讲述着刚开始销售时的场景，嘴角不自觉轻轻上扬。"很多人会以为喝小米粥的北方人居多，其实不然，一次偶然的机会我们了解到，南方人特别注重喝养生粥，我们就试着通过一些平台以会员制的方式销售出去，这样，市场就会扩大很多。"除此之外，张小军郝卫芳夫妻俩还积极带着他们的产品多次参加农博会、中国杨凌农高会等各种农产品展销大会，通过多种渠道来扩大品牌的知名度。

2017年，他们在晋中市扶贫协会的政策支持与中农硒科富硒农业技术研究院的技术支持下，带着村民迈开了更大的步伐，将黑小米基地扩大到了上千亩，同时还发展起了富硒循环农业，将谷子的价值发挥到极致，将谷杆全部送到农场喂牛喂羊，将谷子脱下的谷糠做成了富硒醋，从多方面提升了产业附加值。

在张小军郝卫芳夫妻俩的带领下，合作社农户的收入较之前一亩地增收了近1000元。天时地利人和，让富硒黑小米成为有奔头的产业，让西见子村的村民得到了实惠和富裕。

一盏路灯有时候渺小到无法照亮一方家园，但它却能照亮前行者脚下的路。张小军郝卫芳夫妻俩就似这路灯一般，使得西见子村的富硒农业走在了山西省功能农业发展的前列，使一个贫困村率先实现了由产量农业向质量农业升级，他们用自己的辛苦付出为西见子村村民铺就了一条光明的致富路。

返乡创业当新农民利国利民

在山西晋中有一个"青年农民联合会",一群 30 岁上下的"新农民",告别"海归"、设计师和教师等身份,一头扎进黄土高原,用他们的聪明才智和奋斗姿态,在绿色田野上书写着青春答卷。从穿梭于高楼大厦间的"海归小资",到奔波在田间地头的"核桃社长",再到策划成立"晋中市青年农民联合会",33 岁的程子昂在"新农民"的路上走得愈加自信。

由此可见,这些"新农民"不仅有热爱家乡的热情,而且经过多年在外面的闯荡积累了各方面的丰富经验,而且他们拥有丰富的各种专业文化知识积累和较高的理论修养,他们不仅思想更加解放和灵活,而且他们重视收集各种需要的信息,而且他们还能利用互联网将地球村"一览众山小",用科学发展理念对每个农村的潜在能量进行科学评估,并在科学与创新理念指导下实现他们的梦想。

尽管他们拥有不同的人生经历,但是他们拥有热爱家乡的共同情怀。所以,他们为自己建立了相互交流的平台——晋中青年农民联合会;所以,他们对于未来充满自信。而且,更重要的是,这些年轻人遇上了改革开放的好时代;而且,这个好时代已经经历了改革开放 40 年的洗礼,已经为广大青年返乡创业创造了各种有利条件;中国农业现代化建设的步伐正在日益加快,农业机械化的普及与运用已经得到了广泛的社会实践,数字化农业已经在某些地方得到实施,可以让返乡创业者从中受到更多启发,可以让他们在返乡创业中少走弯路。可以说,这是改革开放 40 年来带给创业者的巨大红利。

尤其是国家大力推行的"互联网+"营销模式,为返乡创业者提供了更加广阔的农产品营销市场。所以,返乡创业者敢想敢干。

程子昂的合作社已在晋中9个县区建了示范园，推广种植核桃6万余亩。因此，从英语老师转型为农业技术培训师，刚满30岁的马渊杰和小伙伴成立了设施农业技术团队，活跃在田间地头，帮助更多农户种出高品质的果蔬；因此，辞去酒店经理，郝卫芳和丈夫张小军一起回到农村，科学种植与创意营销"双管齐下"，把家乡的富硒黑小米推向大江南北。

在这些青年人身上，让我们看到了晋中未来的现代化农业雏形；在这些青年人身上，让我们看到了生态农业现代化的发展方向。而且，中国的现代化农业需要大量各方面的人才精英。没有人才支撑，我们就无法实现农业现代化。那么，各级地方政府除了出台鼓励青年人返乡创业的优惠政策之外，更需要尽早引进现代化农业建设所需要的各种科学技术研究和推广运用人才。只有站在时代发展的新高度，才能正确把握加快实现农业现代化步伐的发展方向。

人们常说，海阔凭鱼跃，天高任鸟飞；人们常说，长风破浪会有时，直挂云帆济沧海。而且，正如毛泽东主席生前所说："世界是你们的，也是我们的，但是归根结底是你们的。你们青年人朝气蓬勃，正在兴旺时期，好像早晨八九点钟的太阳。希望寄托在你们身上。"也就是说，中国的农业现代化建设只要有广大青年的积极参与，并坚持返乡创业的选择，农业现代化就没有后顾之忧；也就是说，中国的农业现代化建设完全寄托在广大有志青年身上。他们是中华民族当之无愧的脊梁，他们是实现中华民族伟大复兴中国梦的正能量。

曾祖培：农民工变身老总自主创业只为"想做的事"

1976年出生，南安市九都镇美星村人。沈阳南安商会副会长兼副秘书长、沈阳祖鑫商贸有限公司总经理，曾获2012年沈阳市"五一劳动奖章"、2012年沈阳市"十佳新市民"称号。

在刚刚结束不久的沈阳市五一劳动奖章评选活动中，有一名南安人一口气拿下"沈阳五一劳动奖章""沈阳十佳新市民""关爱农民工好经理"三项大奖，他就是沈阳祖鑫商贸有限公司总经理曾祖培。

曾祖培说，自己在沈阳只是一个普通的外乡人，做一些普通的事。然而，记者在采访后才发现，这个"普通人"身上，有着许多不普通的故事。

2.4元学费分三次交 贫穷给了他斗志

目前在辽宁、吉林两省拥有50家直营店的曾祖培，在忙碌的工作之余，还经常跑去贫困地区的学校，为贫困学生捐款。

现在的他，会尽心去做这些事，是出于向善之心，也与他幼年的经历有关。

1976年，曾祖培出生在南安市九都镇美星村一个有11个孩子的家庭，他排行第9。父母辛勤耕作几亩农田，用微薄的收入养活全家人。童年的艰难和苦涩，给曾祖培留下了深刻印象，记忆最深的是交不起2.4元学费。

"上学对我们家来说，是一件奢侈的事情。"曾祖培回忆说，"当时学费很便宜，每学期才2.4元，可是我要分3次才能交齐。第一次交9毛，第二次交6毛，第三次再交9毛。老师中午给做饭，大家都要交柴火钱，我家太穷，每天我都要背着柴走2.5公里的山路送到学校。"

都说穷人的孩子早当家,独立又懂事的他,到中学二年级就说服父母,到镇上一家鞋厂当起了杂工。"我不是不想念书,只是想打工赚点钱减轻爸妈负担。"

工厂杂工是一个很累人的活儿。"脏活累活,别人躲,你要抢;别人休息,你要去打扫卫生;别人吃饭,你要给人盛饭。"曾祖培说,刚到工厂的一个月,每天工作12个小时,别人晚上累得倒头就睡,可他却兴奋得夜夜失眠,"想着能给家里挣钱了,别提心里多高兴了"。

勤快好学的曾祖培很快就得到老板和工友的赞赏,也因此有机会学习做鞋的每一个环节。两年后,他升为厂长助理,主抓生产。

想要走出去长见识厂长助理跳槽当业务员

升为厂长助理之后,他的生活似乎要开始起色了。然而,所有人都没有料到,他跳槽了,去当一名业务员。

曾祖培说,虽然他是一名农民工,但是他希望自己能学到更多,做更多事情。因此,他不能困在一个地方重复做一件事。

"那时我的工资是300元,而业务员的工资是400元,多了100元。"曾祖培说,他跳槽,一方面是想获得更多收入,另一方面是因为他想出去走走,多长点见识,多积累一点经验。

从零开始,曾祖培面临的困难总是一波接着一波。有一次为了到外省推销产品,他带着一大摞鞋盒上火车,挤在过道里7天7夜,饿了连一碗泡面都舍不得买。他细心地照看那些鞋盒,生怕脏了、坏了。"火车上人特别多、特别挤,但不能挤坏鞋盒子,那样会让客户印象分降低。"曾祖培说。

最让曾祖培难忘的是一次湖南之行。他在火车上站了8个小时,好不容易到了当地一家大型商场的老板办公室,但他却手脚发抖,不敢进去,走到门口又退回来,再走到门口,再退回来。

"我前前后后徘徊了6次,后来我想,既然这么远都来了,就不能空手回去。"于是,曾祖培鼓起勇气敲开了门。当时不仅生意做成了,在往后的日子里,曾祖培还跟这名商场老板有过多次合作,他的业务员工作也因此走得更顺畅。

为到大企业学经营从装卸工做起也愿意

1997年,曾祖培的心又开始"不安分"了。"很多到过沈阳的老乡回家,都说沈阳是个好地方,发展快,有很多机会。"那时的曾祖培刚刚结婚,为了争取更大的发展机会,曾祖培安顿好了家庭,只身来到沈阳,托人介绍,在七匹狼东北代理公司的仓库做起了一名装卸工。

当记者为此诧异不已时,曾祖培却十分坦然。他说,自己之前都是在小工厂做事,虽然做过厂长助理,做过业务员,知道鞋子的每一个生产流程,但那毕竟只是在小企业。"我相信在大企业里能学到小工厂里面学不到的,所以就算让我从一个装卸工做起,我也愿意。"曾祖培说。就这样,他又一次从零开始。

天道酬勤。勤劳踏实的表现使他再次得到认可,从装卸工、发货员、门店售货员、店面经理到片区经理,最后,曾祖培被提拔为公司副总经理,主管七匹狼辽宁、吉林两地的营销工作。

15万年薪留不住勇当创业先锋

几年的积淀,让曾祖培从生产、销售到管理样样精通。2003年,已经是公司副总经理的他,敏锐地察觉出运动鞋在东北巨大的市场,准备自主创业放手一搏。然而,公司老总十分惜才,舍不得这样得力的干将,收到辞职信后,竟两次落泪挽留。"当时的老总对我很好,给我开出15万元年薪,希望我能留下来,但我还是出来了,因为我还有想做的事。"曾祖培说。

离开公司自己创业,已是业务老手的曾祖培也倍感压力。"做生意比我想象中难得多。"曾祖培说,除了自己积攒下的资本,他还向朋友们借了50万元,做起了运动鞋批发生意。

然而，第 3 次从头再来的他，却没有以前那么好的运气。"不到一年的时间，我代理销售的鞋厂倒闭，没有货交付给客户，我投入的钱全部都赔光了。"曾祖培说。

"当时我想过回老家，但是想想这么多年，我付出了这么多，实在不甘心。"此时的曾祖培已经没有再次创业的本钱，也很难再开口向朋友借钱。

就在这时，此前做鞋服生意结识的一位老朋友，给他带来了转机。"需要钱的话，20 万元以下随时来拿，20 万元以上提前说一声。"朋友的一条短信让他感动不已，到银行提款的那天，曾祖培给朋友写了张欠条，岂料朋友当场就把欠条撕了。"我当时眼泪都要掉下来了，我非常感谢这些曾经在最艰难的时候温暖过我的人。"曾祖培说。

或许，正是因为这样的临危受助，不仅让曾祖培拥有一颗感恩的心，也让他比普通人更诚心地做生意。如今，曾祖培已经创办了自己的公司——沈阳祖鑫商贸有限公司，公司在辽宁、吉林两省拥有 50 家直营店，代理的品牌皮鞋走进了辽宁、吉林各大商场。向朋友借的钱也早已还清，但是，他把朋友的恩情铭记在心，并在日常公司经营中时时刻刻践行着"诚信经商，以诚待人"的理念。

农业创业成功的孙武成

在国家的不断发展和扶持下，农村的经济水平逐渐提高，对于很多农村人来说，致富的路是越走越宽，有越来越多的年轻人选择留在家乡创业，2019 年返乡创业已经成为农村经济发展的一股新势力。广阔的土地资源，种植出可贵必需的农产品，很多人新想法不断，摩拳擦掌跃跃欲试，一路走来不断摸索与碰撞，很多有志青年取得了事业上的成功。今天，小编就给大家讲一位白手起家的河南小伙,从养一头驴到养一万头驴,他的致富之路是怎样走出来的呢?

　　河南辉县 90 后小伙孙武成,大学毕了业没有选择去城市找工作,而是选择了回农村创业,就连在城市工作的父母都为之惊讶。一家人都在城市里工作生活本来就是一件很安稳的事情,孙武成的想法引起了父母的反对。父母认为,年纪轻、缺少经验,又在农村工作,创业很艰辛。

　　这些理由足以说服孙武成,但并没有成功。孙武成大学学习农业知识,因此对农业方面有较深的了解,加之现在的就业压力,孙武成认为:年轻就应该多闯多挑战,选择创业这条路,更会积累经验,富足人生。我国是农业大国,把农业做好,任重道远,能把一片贫瘠土地变成沉甸甸的金子是孙武成内心的目标。

　　2015 年,孙武成完成学业,独自来到当地县城的农村考察地形,想起过去爷爷在农村的辛勤付出,孙武成十分怀念那种以农为乐的日子。对于养殖业,孙武成是一无所知的,他之所以选择养殖驴这一行,还全是因为自己喜欢吃驴肉,凭着一丝偏爱逐渐上网了解有关养驴的所有经验案例。俗话说:天上有龙肉,地上有驴肉。

　　养一头驴,就可以轻松获利 2000 元的收入,驴肉,在我国的销量一直很好,外贸出口量也很可观,一头驴 2000 元,加工为驴肉罐头、酱驴肉等,收入又会翻倍。孙武成讲道,驴是食草家畜,适应能力较强,抗病能力强,容易管理,把驴圈养起来就好,很适合在农村养殖。而且,养驴不需要付出很多,一些简单常见的牧草、秸秆等就满足了驴的食物所需。

　　创业的关键还在于如何进行有效的营销,只有掌握了有效的营销手段,才能为"钱"打开门路。以资金为后盾,前期可以借助贷款和国家相关创业项目的扶持,不断宣传,多元化渠道推广,扩大人脉,从而打开销售的大门。产品工作方面,做好驴品种的选择、不断优化养殖技术,加大人手管理,掌握散养与驯养的技巧区别等,缺一不可。

　　近年来，我国不断颁发有关创业的文件，积极推动返乡创业工作，鼓励发展农村经济。孙武成的选择和成功是值得的我们学习的，如今孙武成的养驴场再次扩建，小孙说他这次他的目标是年出栏量要达到 50000 头，短短 3 年孙武成用努力和坚持，从一个应届毕业生到现在的年入百万。社会还需要更多的像孙武成这样的年轻人，主动把握国家的政策红利，跟从政府的引导，对农村创业做好提前定位，结合农村的当地优势，不断创新，科学养殖，实现自己的创业梦。

主要参考文献

1. 范润梅. 农民创业致富读本［M］. 北京：中国科学技术出版社，2019.
2. 黑龙江省农业委员会. 农民创业的故事［M］. 哈尔滨：黑龙江人民出版社，2018.
3. 鲍海君，韩璐，彭毅等. 失地农民创业行为理论与创业决策动态仿真［M］. 北京：中国农业出版社，2017.
4. 黄莲英. 新型职业农民创业典型案例［M］. 昆明：云南大学出版社，2017.
5. 王尚琦. 决定农民创业成功的 8 个关键［M］. 北京：中华工商联合出版社，2016.